增强"四力"

——奋力开创宣传工作新局面十讲

吕红波　李　倩◎主编

人民出版社

策划编辑：刘智宏

责任编辑：苏向平

图书在版编目（CIP）数据

增强"四力"：奋力开创宣传工作新局面十讲/吕红波，李倩主编.—北京：
　人民出版社，2019.6
　ISBN 978-7-01-020894-7

Ⅰ.①增…　Ⅱ.①吕…②李…　Ⅲ.①中国共产党—新闻工作—学习参
考资料②中国共产党—舆论—宣传工作—学习参考资料　Ⅳ.①G219.2
②D261.5

中国版本图书馆 CIP 数据核字（2019）第 102682 号

增强"四力"——奋力开创宣传工作新局面十讲
ZENGQIANG "SILI" ——FENLI KAICHUANG XUANCHUAN
GONGZUO XIN JUMIAN SHI JIANG

吕红波　李倩　主编

人民出版社 出版发行

（100706　北京市东城区隆福寺街 99 号）

北京市白帆印务有限公司印刷　新华书店经销

2019 年 6 月第 1 版　2019 年 6 月北京第 1 次印刷

开本：710 毫米 ×1000 毫米 1/16　印张：13

字数：180 千字

ISBN 978-7-01-020894-7　定价：45.00 元

邮购地址　100706　北京市东城区隆福寺街 99 号
人民东方图书销售中心　电话（010）65250042　65289539

序　言

宣传思想工作是我们党的一项极其重要的工作，承担着举旗帜、聚民心、育新人、兴文化、展形象的重大使命。

宣传思想工作者具备什么样的本领，才能做好这项工作？多年来，宣传思想战线的同志们认真思考，勤于实践，不断总结。我作为从事宣传思想工作多年的老兵，也曾有过一些梳理和体会。学习了习近平总书记 2018 年 8 月 21 日在全国宣传思想工作会议上的重要讲话，大家都有豁然开朗、精神振奋之感，并找到了该问题的答案：就是要增强"四力"——脚力、眼力、脑力、笔力。

"四力"，首先是一种能力。要想把宣传思想工作做到位、做出彩，单凭良好的愿望是无济于事的，必须要有与之相匹配的能力。能力，是做好一切工作的客观要求和主观条件。能力不济，就会耽误事，甚至做错事。面对多变的形势、复杂的环境、艰巨的任务，宣传思想工作者一定要努力增强脚力、眼力、脑力、笔力，自觉提高做好宣传思想工作的能力。

"四力"，又是一种素质。与能力相比，素质在内涵上更丰富、意义上更根本。身体素质、心理素质、文化素质、政治素质等，是构成人的综合素质的重要方面，能力则是由人的综合素质生发而成的干事创业的本领。对脚力、眼力、脑力、笔力不仅要从能力上去理解，而且要进一步从素质上去领会。要让宣传思想工作者做到自觉勤练内功，提高素质，以适应做好宣传思想工作的客观要求。

"四力"，还是一种途径。如何增强"四力"？习近平总书记的讲话启发了我们：迈开双脚，深入实践，走进基层，扎根群众，提高脚下功夫；睁开双眼，细心观察，认真调查，用心辨别，增强眼睛功能；开动脑筋，不懈思考，瞄准真相，找准规律，优化大脑思维；勤于动笔，写真情说真话，连天线接地气，多感人少说教，提高笔头水平。总而言之，只有锻炼"四力"，才能增强"四力"，恰如在游泳中学习游泳，在战争中学习战争。

"四力"是习近平总书记对宣传思想工作者的必备能力、自身素质的凝练概括，也是对宣传思想工作者的殷切期望和严格要求，体现了党和人民对宣传思想工作者的信任和重托。以对党和人民的忠诚与热爱增强"四力"，以过硬的"四力"回报党和人民的信任与重托，是宣传思想工作者应当承担的使命任务。

本书对"四力"的内涵和要求，以及增强"四力"的途径和方法进行了较为系统深入的专题阐述，值得从事和关注宣传思想工作的同志们一读。

原国家行政学院副院长　周文彰

2019 年 5 月 19 日于北京

举旗帜聚民心育新人兴文化展形象
更好完成新形势下宣传思想工作使命任务

全国宣传思想工作会议 21 日至 22 日在北京召开。中共中央总书记、国家主席、中央军委主席习近平出席会议并发表重要讲话。他强调，完成新形势下宣传思想工作的使命任务，必须以新时代中国特色社会主义思想和党的十九大精神为指导，增强"四个意识"、坚定"四个自信"，自觉承担起举旗帜、聚民心、育新人、兴文化、展形象的使命任务，坚持正确政治方向，在基础性、战略性工作上下功夫，在关键处、要害处下功夫，在工作质量和水平上下功夫，推动宣传思想工作不断强起来，促进全体人民在理想信念、价值理念、道德观念上紧紧团结在一起，为服务党和国家事业全局作出更大贡献。

中共中央政治局常委、中央书记处书记王沪宁主持会议。

习近平在讲话中指出，党的十八大以来，我们把宣传思想工作摆在全局工作的重要位置，作出一系列重大决策，实施一系列重大举措。在党中央坚强领导下，宣传思想战线积极作为、开拓进取，党的理论创新全面推进，中国特色社会主义和中国梦深入人心，社会主义核心价值观和中华优秀传统文化广泛弘扬，主流思想舆论不断巩固壮大，文化自信得到彰显，国家文化软实力和中华文化影响力大幅提升，全党全社会思想上的团结统一更加巩固。实践证明，党中央关于宣传思想工作的决策部署是完全正确的，宣传思想战线广大干部是完全值得信赖的。

习近平强调，在实践中，我们不断深化对宣传思想工作的规律性认识，提出了一系列新思想新观点新论断，这就是坚持党对意识形态工作的领导权，坚持思想工作"两个巩固"的根本任务，坚持用新时代中国特色社会主义思想武装全党、教育人民，坚持培育和践行社会主义核心价值观，坚持文化自信是更基础、更广泛、更深厚的自信，是更基本、更深沉、更持久的力量，坚持提高新闻舆论传播力、引导力、影响力、公信力，坚持以人民为中心的创作导向，坚持营造风清气正的网络空间，坚持讲好中国故事、传播好中国声音。这些重要思想，是做好宣传思想工作的根本遵循，必须长期坚持、不断发展。

习近平指出，中国特色社会主义进入新时代，必须把统一思想、凝聚力量作为宣传思想工作的中心环节。当前，我国发展形势总的很好，我们党要团结带领人民实现党的十九大确定的战略目标，夺取中国特色社会主义新胜利，更加需要坚定自信、鼓舞斗志，更加需要同心同德、团结奋斗。我们必须把人民对美好生活的向往作为我们的奋斗目标，既解决实际问题又解决思想问题，更好强信心、聚民心、暖人心、筑同心。我们必须既积极主动阐释好中国道路、中国特色，又有效维护我国政治安全和文化安全。我们必须坚持以立为本、立破并举，不断增强社会主义意识形态的凝聚力和引领力。我们必须科学认识网络传播规律，提高用网治网水平，使互联网这个最大变量变成事业发展的最大增量。

习近平强调，做好新形势下宣传思想工作，必须自觉承担起举旗帜、聚民心、育新人、兴文化、展形象的使命任务。举旗帜，就是要高举马克思主义、中国特色社会主义的旗帜，坚持不懈用新时代中国特色社会主义思想武装全党、教育人民、推动工作，在学懂弄通做实上下功夫，推动当代中国马克思主义、21世纪马克思主义深入人心、落地生根。聚民心，就是要牢牢把握正确舆论导向，唱响主旋律，壮大正能量，做大做强主流思想舆论，把全党全国人民士气鼓舞起来、精神振奋起来，朝着党中央确定的宏伟目标团结一心向前进。育新人，就是要坚持立德树人、以文化人，建设社会主义精神文明、培育和践行社会主义核心价值观，提高人民思想觉悟、道德水准、文明素养，培养能够担当民族复兴大任的时代新人。兴文化，就是要坚持中国特色社会主义文化发展道路，推动中华优秀传统文化创造性转化、创新性发展，继承革命文化，发展社会主义先进文化，激发全民族文化创新创造活力，建设社会主义文化强国。展形象，就是要推进国际传播能力建设，讲好中国故事、传播好中国声音，向世界展现真实、立体、全面的中国，提高国家文化软实力和中华文化影响力。

习近平指出，建设具有强大凝聚力和引领力的社会主义意识形态，是全党特别是宣传思想战线必须担负起的一个战略任务。要做好做强马克思主义宣传教育工作，特别是要在学懂弄通做实新时代中国特色社会主义思想上下功夫。要把坚定"四个自信"作为建设社会主义意识形态的关键，坚持马克思主义在我国哲学社会科学领域的指导地位，建设具有中国特色、中国风格、中国气派的哲学社会科学。要把握正确舆论导向，提高新闻舆论传播力、引导力、影响力、公信力，巩固壮大主流思想舆论。要加强传播手段和话语方式创新，让党的创新理论"飞入寻常百姓家"。要扎实抓好县级融媒体中心建设，更好引导群众、服务群众。要旗帜鲜明坚持真理，立场坚定批驳谬误。要压实压紧各级党委（党组）责任，做到任务落实不马虎、阵地管理不懈怠、责任追究不含糊。

习近平强调，宣传思想工作是做人的工作的，要把培养担当民族复兴大任的时代新人作为重要职责。重中之重是要以坚定的理想信念筑牢精神之基，坚定对马克思主义的信仰，对社会主义和共产主义的信念，对中国特色社会主义道路、理论、制度、文化的自信。要强化教育引导、实践养成、制度保障，把社会主义核心价值观融入社会发展各方面，引导全体人民自觉践行。要抓住青少年价值观形成和确定的关键时期，引导青少年扣好人生第一粒扣子。要广泛开展先进模范学习宣传活动，营造崇尚英雄、学习英雄、捍卫英雄、关爱英雄的浓厚氛围。要大力弘扬时代新风，加强思想道德建设，深入实施公民道德建设工程，加强和改进思想政治工作，推进新时代文明实践中心建设，不断提升人民思想觉悟、道德水准、文明素养和全社会文明程度。要弘扬新风正气，推进移风易俗，培育文明乡风、良好家风、淳朴民风，焕发乡村文明新气象。

习近平指出，要引导广大文化文艺工作者深入生活、扎根人民，把提高质量作为文艺作品的生命线，用心用情用功抒写伟大时代，不断推出讴歌党、讴歌祖国、讴歌人民、讴歌英雄的精品力作，书写中华民族新史诗。要坚持把社会效益放在首位，引导文艺工作者树立正确的历史观、民族观、国家观、文化观，自觉讲品位、讲格调、讲责任，自觉遵守国家法律法规，加强道德品质修养，坚决抵制低俗庸俗媚俗，用健康向上的文艺作品和做人处事陶冶情操、启迪心智、引领风尚。要推出更多健康优质的网络文艺作品。要推动公共文化服务标准化、均等化，坚持政府主导、社会参与、重心下移、共建共享，完善公共文化服务体系，提高基本公共文化服务的覆盖面和适用性。要推动文化产业高质量发展，健全现代文化产业体系和市场体系，推动各类文化市场主体发展壮大，培育新型文化业态和文化消费模式，以高质量文化供给增强人们的文化获得感、幸福感。要坚定不移将文化体制改革引向深入，不断激发文化创新创造活力。

习近平强调，要不断提升中华文化影响力，把握大势、区分对象、精准施策，主动宣介新时代中国特色社会主义思想，主动讲好中国共产党治国理政的故事、中国人民奋斗圆梦的故事、中国坚持和平发展合作共赢的故事，让世界更好了解中国。中华优秀传统文化是中华民族的文化根脉，其蕴含的思想观念、人文精神、道德规范，不仅是我们中国人思想和精神的内核，对解决人类问题也有重要价值。要把优秀传统文化的精神标识提炼出来、展示出来，把优秀传统文化中具有当代价值、世界意义的文化精髓提炼出来、展示出来。要完善国际传播工作格局，创新宣传理念、创新运行机制，汇聚更多资源力量。

习近平指出，要加强党对宣传思想工作的全面领导，旗帜鲜明坚持党管宣传、党管意识形态。要以党的政治建设为统领，牢固树立"四个意识"，坚决维护党中央权威和集中统一领导，牢牢把握正确政治方向。要加强作风建设，坚决纠正"四风"特别是形式主义、官僚主义。宣传思想干部要不断掌握新知识、熟悉新领域、开拓新视野，增强本领能力，加强调查研究，不断增强脚力、眼力、脑力、笔力，努力打造一支政治过硬、本领高强、求实创新、能打胜仗的宣传思想工作队伍。

王沪宁在主持会议时表示，习近平总书记的重要讲话，站在新时代党和国家事业发展全局的高度，深刻总结了党的十八大以来党的宣传思想工作的历史性成就和历史性变革，深刻阐述了新形势下党的宣传思想工作的历史方位和使命任务，深刻回答了一系列方向性、根本性、全局性、战略性重大问题，对做好新形势下党的宣传思想工作作出重大部署。讲话总揽全局、视野高远、内涵丰富、思想精深，是指导新形势下党的宣传思想工作的纲领性文献。我们要认真学习领会，把思想和行动统一到讲话精神上来，全力以赴抓好各项任务落实。

中共中央政治局委员、中央宣传部部长黄坤明在总结讲话中指出，要深入学习贯彻习近平新时代中国特色社会主义思想和党的十九大精神，贯彻落实习近平总书记关于宣传思想工作的重要思想，增强"四个意识"、坚定"四个自信"，自觉肩负起新形势下宣传思想工作的使命任务，锐意改革创新，勇于担当作为，奋力开创宣传思想工作新局面，为党和国家事业发展提供坚强思想保证和强大精神力量。

中央网信办、文化和旅游部、人民日报社、中央广播电视总台、北京市、广东省负责同志作交流发言。

部分中共中央政治局委员，中央书记处书记出席会议。

中央宣传思想工作领导小组成员，各省区市和计划单列市、新疆生产建设兵团、中央宣传文化系统各单位、中央和国家机关有关部门、有关人民团体、中管金融企业、部分国有重要骨干企业和高校、军队有关单位负责同志等参加会议。

（原载《人民日报》2018 年 8 月 23 日）

目 录
CONTENTS

前 言

  "宣传工作是一切革命工作的粮草，革命工作没有宣传是不行的。"[1] 2018 年 8 月，习近平总书记在全国宣传思想工作会议上发表重要讲话，站在新时代党和国家事业发展全局的高度，深刻总结了党的十八大以来党的宣传思想工作的历史性成就和历史性变革，深刻阐述了新形势下党的宣传思想工作的历史方位和使命任务，深刻回答了一系列方向性、根本性、全局性、战略性重大问题，对做好新形势下党的宣传思想工作作出重大部署。[2]

  宣传思想工作，承担着举旗帜、聚民心、育新人、兴文化、展形象的使命任务，事关党的前途和命运，事关国家长治久安，事关民族凝聚力和向心力。习近平总书记关于宣传思想工作的重要论述，总揽全局、视野高远、内涵丰富、思想精深，进一步明确了新形势下宣传思想工作的方向目标、重点任务和基本遵循，是指导新形势下宣传思想工作的纲领性文献，更为做好新时代宣

---

  [1] 杨胜群、阎建琪主编：《邓小平年谱（1904—1974）》（中），中央文献出版社 2009 年版，第 966 页。

  [2]《习近平在全国宣传思想工作会议上强调　举旗帜聚民心育新人兴文化展形象　更好完成新形势下宣传思想工作使命任务》，《人民日报》2018 年 8 月 23 日。

传思想工作指明了前进方向、提供了思想保障。我们要充分认识新形势下宣传思想工作的使命任务，始终把统一思想、凝聚力量作为宣传思想工作的中心环节，以改革创新的时代精神，勇于担当、积极作为、奋发进取、开新图强，推动宣传思想工作守正创新，为实现"两个一百年"奋斗目标、实现中华民族伟大复兴的中国梦作出更大贡献。

宣传思想工作是在人的头脑里搞建设。中国特色社会主义进入新时代，世界正在发生广泛而深刻的变化，中国正在发生广泛而深刻的变革，由此带来各种思想相互碰撞、各种观念相互交织、各种文化相互激荡，社会思想舆论日益多元、多样、多变，使意识形态工作面临的形势越发严峻，任务更为繁重。行百里者半九十。在建设社会主义现代化强国、实现中华民族伟大复兴的征程上再创辉煌，我们比以往更加需要坚定自信、鼓舞斗志，更加需要团结一心、众志成城。新时代催生新使命，宣传思想工作必须围绕中心、服务大局，充分发挥思想引领、舆论推动、精神激励和文化支撑的作用，为党和国家事业发展提供坚强思想保证和强大精神力量。

胸怀大局才能因势而谋，把握大势才会应势而动。站在我国发展新的历史方位做好宣传思想工作，必须深入学习领会、全面贯彻落实习近平总书记关于宣传思想工作的重要论述，统一思想，凝聚意志，昂扬斗志，全力以赴，把各项要求和部署落实到位，推动宣传思想工作在新时代不断强起来。为此，宣传思想工作要主动跟进、积极作为，旗帜鲜明坚持党管宣传、党管意识形态、党管媒体，牢牢把握工作的基本要求和基本遵循，找准工作切入点和着力点，以时代的要求审视宣传思想工作，以发展的眼光研究宣传思想工作，以改革的精神推动宣传思想工作，使宣传思想工作在理念、思路、内容、形式、感情、语言、方法、手段上更加接地气，与时代同步，与人民共振，让群众感兴趣、看得懂、听得进、有共鸣。

做好新时代宣传思想工作，要坚持以习近平新时代中国特色社会主义思想为指导，增强"四个意识"、坚定"四个自信"、做到"两个维护"，承担起举旗帜、聚民心、育新人、兴文化、展形象的使命任务；要以党的政治建设为统领，全面加强宣传思想战线党的建设，广泛开展增强"四力"教育实践，为党和国家事业发展提供有力思想保证和强大精神力量。

做好新时代宣传思想工作，关键靠队伍、靠人才。以更高的标准、更严的要求履行好宣传思想工作的职责使命，必须让宣传思想干部队伍"硬"起来。要对照习近平总书记重要讲话提出的新要求，落实全国宣传思想工作会议作出的新部署，对标对表强素质、促能力、提水平，既锤炼坚强政治定力、强化政治担当，确保在关键时刻靠得住、信得过、用得上，又锤炼脚力、眼力、脑力、笔力，使宣传思想工作能够上连"天线"、下接"地气"，切实做到与中央思想一致、声音一致、步调一致，真正成为一支政治过硬、本领高强、求实创新、能打胜仗的宣传思想工作队伍，在强信心、聚民心、暖人心、筑同心中，把宣传思想工作提升到一个新的水平，努力向党和人民交出一份满意的答卷。

第一讲

新时代：宣传思想
工作面临新挑战

习近平总书记在 2018 年 8 月 21 日至 22 日于北京召开的全国宣传思想工作会议上强调,当前,我国发展形势总的很好,我们党要团结带领人民实现党的十九大确定的战略目标,夺取中国特色社会主义新胜利,更加需要坚定自信、鼓舞斗志,更加需要同心同德、团结奋斗。① 深入学习贯彻习近平总书记重要讲话精神,积极贯彻落实党中央对新时代宣传思想工作作出的重大部署,必须准确把握新时代宣传思想工作面临的新挑战,做到因势而谋、应势而动、顺势而为。

---

① 《习近平在全国宣传思想工作会议上强调 举旗帜聚民心育新人兴文化展形象 更好完成新形势下宣传思想工作使命任务》,《人民日报》2018 年 8 月 23 日。

一、新时代宣传思想工作正经历
历史性变革

党的十八大以来，以习近平同志为核心的党中央将宣传思想工作摆在党和国家事业全局的重要位置，作出一系列重大决策，实施一系列重大举措，推动宣传思想工作发生历史性变革，取得历史性成就。

党对宣传思想工作的领导进入全面加强阶段。宣传思想工作守护着党的思想舆论阵地，一刻也不能离开党的领导。如果离开了党的全面领导，宣传思想工作就会偏离正确方向、脱离正确轨道。宣传思想工作在革命、建设和改革各个历史时期取得长足进步、发挥重要作用，最根本的就在于始终坚持党的领导。但是我们也要注意到，近些年由于社会的快速变化与国外某些势力别有用心的宣传，我们党在宣传思想工作的领导上也有过被弱化、削弱的阶段，使党的思想舆论阵地出现了一些不好的声音与现象。党的十八大以来，宣传思想工作开始成为全面加强党的领导、全面从严治党的关键领域。习近平总书记在 2013 年就曾强调过宣传思想工作的重要性："经济建设是党的中心工作，意识形态工作是党的一项极端重要的工作。"[①] 习近平总书记连续出席近年来宣传思想工作领域相关的重要会议，针对全国宣传思想工作、党的

---

① 中共中央文献研究室编：《习近平关于全面深化改革论述摘编》，中央文献出版社 2014 年版，第 86 页。

新闻舆论工作、网络安全和信息化工作、哲学社会科学工作等发表了一系列讲话，作出了一系列指示，党和政府也先后出台一系列的重磅文件，构建了科学的新时代党的宣传思想工作体系，为做好新时代宣传思想工作指明方向、明确路径，也将宣传思想工作的领导权、管理权和话语权牢牢掌握在党的手中，切实加强了党对宣传思想工作的领导。在2018年全国宣传思想工作会议上，习近平总书记深刻阐明了新形势下宣传思想工作的方向，对宣传思想战线加强党的领导和党的建设提出明确要求。

党对宣传思想工作规律性认识不断加强。"善于把握规律，既是中国共产党人的历史自觉，也是我们党领导推动工作的制胜法宝。"[1] 党的十八大以来，我们党在宣传思想工作领域做出了很大的成绩，宣传思想工作在继承中创新、开拓中发展，打开了崭新局面，创造了新鲜经验，还"不断深化对宣传思想工作的规律性认识，提出了一系列新思想新观点新论断"[2]。在2018年全国宣传思想工作会议上，习近平总书记将其概括为"九个坚持"：坚持党对意识形态工作的领导权；坚持思想工作"两个巩固"的根本任务；坚持用新时代中国特色社会主义思想武装全党、教育人民；坚持培育和践行社会主义核心价值观；坚持文化自信是更基础、更广泛、更深厚的自信，是更基本、更深沉、更持久的力量；坚持提高新闻舆论传播力、引导力、影响力、公信力；坚持以人民为中心的创作导向；坚持营造风清气正的网络空间；坚持

① 人民日报评论员：《把"九个坚持"作为根本遵循》，《人民日报》2018年8月27日。

②《习近平在全国宣传思想工作会议上强调 举旗帜聚民心育新人兴文化展形象 更好完成新形势下宣传思想工作使命任务》，《人民日报》2018年8月23日。

讲好中国故事、传播好中国声音。① 这"九个坚持"是对宣传思想工作规律性认识的最新成果，也是习近平新时代中国特色社会主义思想的重要组成部分，必须长期遵循并不断发展。

党的宣传思想工作力度更大更强劲。新形势下的宣传思想工作面临着艰巨的任务，我们要统一思想、凝聚力量；要增强国际话语权、提升国家文化软实力；要建设具有强大凝聚力和引领力的社会主义意识形态；要改进创新宣传思想工作，这些任务的艰巨远超从前任何一个时期。我们越是面临艰巨任务，越是需要敢抓敢管、勇于作为。新形势下，我们直面没有硝烟的意识形态领域斗争，在全党和全国各族人民当中广泛进行马克思主义理论教育，深入宣讲习近平新时代中国特色社会主义思想，做到用科学理论引领社会思潮；我们抓紧抓实具有强大凝聚力和引领力的社会主义意识形态这一战略部署，持续加强思想理论武装工作，从正面积极加强宣传引导，唱响主旋律，反对和抵制一切错误观点；我们有理、有据、有力地批驳西方宪政民主、"普世价值"、历史虚无主义、"中国霸权论"等错误思潮和观点，通过党课、党员干部学习日、专题报告会、学习培训等形式，增强党员学习的系统性和针对性，引导广大党员干部和人民群众走出思想迷雾。

党的宣传思想工作覆盖更全面。习近平总书记指出，宣传思想阵地，我们不去占领，人家就会去占领。近年来，我们坚守宣传思想各个阵地，注意把工作深入到方方面面、覆盖到所有人群。在基层工作方面，注重解决基层宣传工作的常态化和有效性

①《习近平在全国宣传思想工作会议上强调　举旗帜聚民心育新人兴文化展形象　更好完成新形势下宣传思想工作使命任务》，《人民日报》2018年8月23日。

不够等问题，打造懂理论、懂群众、会宣讲的宣传宣讲队伍，坚持不懈用习近平新时代中国特色社会主义思想占领基层思想文化阵地；在新兴群体方面，对于全国 7000 多万小微企业创业就业人员，800 多万网络文学作者、自由撰稿人、独立演员、网络主播等文艺群体，及时将其纳入宣传思想工作"大盘子"，同步谋划、同步实施，加强服务引导，努力让他们感受到党的关怀、认同党的主张、实践党的要求；在移动端方面，实施移动优先战略，把占领新兴媒体作为重中之重，打通报、台、网、微、端，不断扩大在移动终端的覆盖面和影响力，使互联网这个最大变量变成事业发展的最大增量。同时适应宣传思想工作分众化、差异化传播趋势，注意"量体裁衣"，坚持分类施策、分层施教，解决好"对谁说、说什么"的问题。坚持因时而变、变中求新，更好满足人们多样化多层次多方面的精神文化需求。

中华民族的伟大复兴，不仅指经济的改革和发展，在思想文化上也要肯下功夫。面对新形势下宣传思想工作的有利条件和严峻挑战，必须把统一思想和凝聚力量作为宣传思想工作的中心环节，把人民对美好生活的向往作为我们的奋斗目标。要贯彻落实习近平总书记强调的"坚持政府主导、社会参与、重心下移、共建共享"[1]，在实践中进行思想和文化创造，发挥人民群众的智慧，构建中国力量，既要解决实际问题又要解决思想问题，结合自身实际，不做表面功夫，精准务实，握准正确的政治方向；要增强创新意识，巩固和壮大意识形态阵地管理力量，积极主动地阐释好中国道路、中国特色，有效维护我国政治安全和文化安全。要

---

[1]《习近平在全国宣传思想工作会议上强调 举旗帜聚民心育新人兴文化展形象 更好完成新形势下宣传思想工作使命任务》，《人民日报》2018 年 8 月 23 日。

坚持以立为本、立破并举，不断增强社会主义意识形态的凝聚力和引领力，科学地认识网络传播规律，提高用网、治网水平，让主流声音深入人心，团结一致、万众一心地夺取胜利。

二、新时代宣传思想工作 担负着艰巨使命

习近平总书记指出，做好新形势下宣传思想工作，必须自觉承担起举旗帜、聚民心、育新人、兴文化、展形象的使命任务。① 这一重要论述，指明了新形势下宣传思想工作的重点和目标，为新时代宣传思想工作提供了方位和坐标。

"举旗帜，就是要高举马克思主义、中国特色社会主义的旗帜，坚持不懈用新时代中国特色社会主义思想武装全党、教育人民、推动工作，在学懂弄通做实上下功夫，推动当代中国马克思主义、21 世纪马克思主义深入人心、落地生根。"②

毛泽东说过："主义譬如一面旗子，旗子立起了，大家才有所指望，才知所趋赴。"③ 旗帜是方向，更是力量。马克思主义是人类思想史上最具科学性、真理性和前瞻性的力量，不断地改变着中国和世界，我们应当继续深刻领悟马克思主义的真谛，继续高

---

①《习近平在全国宣传思想工作会议上强调　举旗帜聚民心育新人兴文化展形象　更好完成新形势下宣传思想工作使命任务》，《人民日报》2018 年 8 月 23 日。

② 同上。

③ 中共中央文献研究室：《毛泽东年谱（1893—1949）》上卷，人民出版社、中央文献出版社 1993 年版，第 71 页。

举马克思主义旗帜，在实践中不断地发展和创新马克思主义，推动马克思主义中国化时代化大众化。在党的十九大上，习近平新时代中国特色社会主义思想被确立为我们党必须长期坚持的指导思想，是新时代中国共产党人的思想旗帜，是全面建成小康社会、夺取新时代中国特色社会主义伟大胜利的保证。党的宣传思想工作必须高举习近平新时代中国特色社会主义思想的旗帜，才能建设具有强大凝聚力和引领力的社会主义意识形态，牢牢掌握意识形态工作领导权。我们要在工作中认真落实意识形态工作责任制，旗帜鲜明坚持真理，立场坚定批驳谬误。

"聚民心，就是要牢牢把握正确舆论导向，唱响主旋律，壮大正能量，做大做强主流思想舆论，把全党全国人民士气鼓舞起来、精神振奋起来，朝着党中央确定的宏伟目标团结一心向前进。"①

宣传思想工作肩负着引导舆论、弘扬正气、凝聚人心的重要职责。"聚民心"，首先，要坚持以人为本，树立以人民为中心的工作导向。宣传思想工作必须自觉把人心放在关键位置，把人民对美好生活的向往作为使命担当，读懂人民的需求，将服务于民、扎根于民的工作落细、落小、落实，既能解决思想问题也能解决实际问题。新时代人民群众需求多样化、思想观念多元化，要了解人民群众的真实思想状况和实际生活问题，不能单凭想象，需要深入扎根于大众的生活实践，切实做到人在哪里聚民心的重点工作就开展到哪里。要树立群众观点，下移中心，以调查研究建立"键对键""面对面""心连心"，网上网下全方位、多层次的主流舆论矩阵，在满足人民群众对美好生活的个性化期待中精准实施，进而提升宣传思想工作聚民心的功能。其次，应发

①《习近平在全国宣传思想工作会议上强调 举旗帜聚民心育新人兴文化展形象 更好完成新形势下宣传思想工作使命任务》，《人民日报》2018年8月23日。

挥正确的舆论导向功能，用心、用情、用功书写人民美好生活，不断发现人民群众中蕴藏的智慧财富，对接地气、有温度、富有家国情怀的人物事迹和精神品质进行提炼和总结，宣传报道身边的优秀案例和模范团体，主动讲好中国人民追梦、圆梦的精彩故事，弘扬主旋律、激发正能量，唱响引领人民团结奋斗的最强音，引导人民群众追逐人生梦想，将个人的奋斗自觉与新时代国家富强、民族振兴、人民幸福的伟大实践相结合，共同描绘统一思想、凝聚力量的宏伟蓝图。最后，要实现大众化，在传播中提升宣传思想工作亲和力。要在宣传的方式方法上做文章，加大创新力度，直达基层宣传工作的终点站。在传播手段上，可以利用会议学习、报纸报告、节日仪式、培训活动等传统手段，将党的创新理论、治国理政的思想观念、筑梦圆梦的故事融入思想舆论的方方面面；充分发挥"互联网+"等现代传播的增量效应，善于利用微博、微课、微信、网络直播等各种新型网络渠道，展现当代中国的发展与进步和中国人民的精神风貌；对接大众的信息接收渠道，在话语方式上善于转换，既要合情合理，更要入乡随俗，贴近人民群众的生活实际，把抽象的概念、深奥的理论用具体形象的表达方式转化为通俗易懂的道理，采用日常生活话语来呈现政治性语言、学术性词汇，达到宣传思想工作与人民群众无缝对接的话语交流效果。

"育新人，就是要坚持立德树人、以文化人，建设社会主义精神文明、培育和践行社会主义核心价值观，提高人民思想觉悟、道德水准、文明素养，培养能够担当民族复兴大任的时代新人。"[①]

"宣传思想工作是做人的工作的，要把培养担当民族复兴大

———————
　　[①]《习近平在全国宣传思想工作会议上强调　举旗帜聚民心育新人兴文化展形象　更好完成新形势下宣传思想工作使命任务》，《人民日报》2018年8月23日。

任的时代新人作为重要职责。"①习近平总书记的这一论断,为宣传思想工作"培养什么样的人""怎样培养人"指明了方向。时代新人是新时代建设社会主义现代化强国、实现中华民族伟大复兴的最重要的力量,也是大力提高全体人民的科学文化素质和思想道德素质不可或缺的部分。大力培养和造就一代又一代担当民族复兴大任的时代新人,关键在于社会主义核心价值观引领作用的有效发挥。要以教育引导、实践养成、制度保障为着力点,提高每个公民的思想觉悟、道德水准、文明素养。广泛深入开展宣传教育,让全体人民明白建设什么样的国家、建设什么样的社会、培养什么样的公民。要将国家法律法规、政策的制定融入社会主义核心价值观作为制度保障,以革命先烈、道德模范、时代楷模等先进人物的事迹为教育引导,将家庭和学校作为重要实践培养阵地,把家长和教师作为育新人的第一责任人,抓住青少年价值观形成和确定的关键时期,把价值观教育作为必修课,引导他们扣好人生第一粒扣子。

在 2018 年大学校长论坛上,厦门大学党委副书记林东伟说,时代新人要有六"气":要有志气,立大志;有正气,明大德;有才气,做大事;有勇气,担大任;有朝气,创大业;有静气,成大才。②时代新人的培育任重而道远,既要强化思想引领和价值引领,又要注重创新形式,深化内容。无论是大学生还是其他普通群众,都要扎根中国大地,在实践中接受教育,把培育和践行社会主义核心价值观具体化,同时也要拓宽国际视野,全面发

---

①《习近平在全国宣传思想工作会议上强调 举旗帜聚民心育新人兴文化展形象 更好完成新形势下宣传思想工作使命任务》,《人民日报》2018 年 8 月 23 日。

②《育新人 担大任 听国内大学书记校长怎么说》,太原新闻网,2018 年 10 月 26 日。

展，不断提升思想觉悟、道德水准、文明素养，从而推动社会文明进步。

"兴文化，就是要坚持中国特色社会主义文化发展道路，推动中华优秀传统文化创造性转化、创新性发展，继承革命文化，发展社会主义先进文化，激发全民族文化创新创造活力，建设社会主义文化强国。"①

文化兴则国运兴，文化强则民族强。在当代中国，建设社会主义文化强国的核心是发展中国特色社会主义文化，不断铸就中华文化新辉煌。习近平总书记强调，"要引导广大文化文艺工作者深入生活、扎根人民，把提高质量作为文艺作品的生命线，用心用情用功抒写伟大时代，不断推出讴歌党、讴歌祖国、讴歌人民、讴歌英雄的精品力作，书写中华民族新史诗。"②兴文化，要坚持把社会效益放在首位，应正确把握文化导向，自觉讲品位、讲格调、讲责任，坚决抵制低俗、庸俗、媚俗文化，自觉遵守国家法律法规，加强道德品质修养，树立正确的历史观、民族观、国家观、文化观；深入实施精品战略，健全现代化文化产业体系和市场体系，推动各类文化市场主体发展壮大，以高质量文化供给增强人们的文化获得感、幸福感。

"展形象，就是要推进国际传播能力建设，讲好中国故事、传播好中国声音，向世界展现真实、立体、全面的中国，提高国家文化软实力和中华文化影响力。"③

让世界更好地了解中国，主动讲好中国共产党治国理政的故

---

① 《习近平在全国宣传思想工作会议上强调　举旗帜聚民心育新人兴文化展形象　更好完成新形势下宣传思想工作使命任务》，《人民日报》2018 年 8 月 23 日。

② 同上。

③ 同上。

事、中国人民奋斗圆梦的故事、中国坚持和平发展合作共赢的故事，传播好中国的声音，必须把握大势，区分对象，主动宣讲习近平新时代中国特色社会主义思想，大力传播当代优秀文化，推动中华优秀传统文化走出国门、走向世界。2018年3月5日《中国一分钟》首播，该片是由人民日报社推出的系列宣传片，讲述了中国改革开放40年来发生的巨大变化和取得的伟大成就。该片在各大门户网站和新媒体平台置顶转载，上线仅10小时，在《人民日报》两微两端及视频账号的总浏览播放量就近3000万次，24小时全网观看量突破1.58亿次。中国的每一分钟都在发生着改变，改革开放40年的成就是中国再出发的信心和底气。讲好中国故事、传播好中国声音，既要把中华优秀传统文化的精神标识提炼出来，更要注重展示当代中国的发展进步、当代中国人的精彩生活，推动反映当代中国发展进步的价值理念、文艺精品、文化成果走向海外。

三、提升宣传思想干部的本领能力
重要而紧迫

党的十八大以来，宣传思想工作经历的历史性变革及取得的历史性成就，充分表明广大宣传思想干部是完全值得信赖的。但随着形势和任务的不断发展，宣传思想干部的本领能力也面临着国际国内新形势、意识形态领域新态势、信息化发展新趋势的巨大挑战。面对统一思想、凝聚力量，建设具有强大凝聚力和引领力的社会主义意识形态，改进创新宣传思想工作，增强国际话语权、提升国家文化软实力的艰巨任务，进一步提升宣传思想干部的本领能力，变得更加重要而紧迫。习近平总书记在 2018 年全国宣传思想工作会议上强调，"不断增强脚力、眼力、脑力、笔力，努力打造一支政治过硬、本领高强、求实创新、能打胜仗的宣传思想工作队伍"。对宣传思想工作提出了殷切希望，为宣传思想干部提高本领能力指明了努力方向，激励广大宣传思想干部积极作为、开拓进取，推动宣传思想工作开创新局面。

"四力"，既是构成本领能力的重要内容，也是提升本领能力的方法路径，是有机联系、相互促进的整体，构成宣传思想干部的综合素质。首先，面对新情况新问题，广大宣传思想干部要不惜脚力，把实践和基层当作最好的课堂，把人民群众当作最好的老师，坚持以人民为中心的工作导向，善于运用从群众中来到群众中去的工作方法，与人民群众同呼吸、共命运、心连心。

"习近平总书记在任福建宁德地委书记时 3 个月就走遍了 9 个县,后来又跑遍了全地区绝大部分乡镇,想方设法到基层了解百姓所想所盼,制定了许多帮助群众解决贫困的方案。""焦裕禄同志当年临危受命走上兰考县委书记的岗位,为了改变全县面貌,工作第二天就深入群众当中访贫问苦,跋涉 2500 余公里,给全县的 84 个风口、1600 个大小沙丘编号绘图,制定出治理肆虐兰考百年之久的风沙、水涝、盐碱'三害'方案,受到人民群众广泛好评。"① 由此可见,越接近群众越真实,越贴近基层越出彩。宣传思想干部要放下架子、亲身实践,坚持问题导向原则,深入矛盾集中的地方,摸清社会真实情况,与人民群众广交朋友,掌握他们的思想动态。只有用群众喜闻乐见的方法来宣传党的科学理论、阐释方针政策、传播主流价值,才是好招、实招。提升工作针对性和有效性,确保将暖人心、稳民心的工作做扎实、做到位,以更好地引导群众和服务群众,努力把党的主张变为群众的自觉行动。

其次,宣传思想工作的活力在于增强眼力,善于发现,忌千篇一律、生搬硬套、空洞说教,要有效完成从素材到观点的升华。广大宣传思想干部要深刻领会习近平总书记关于宣传思想工作的重要指示,用新思想武装头脑、增强眼力,在工作中做到能观察、能发现、能辨别、能分析,善于望闻问切。要看得见、看得远,既能见人之所见,又能见人之未见,从而善观大势、善谋大事。要对意识形态领域各种言论、观点、思潮进行准确鉴别,善于发现问题、明辨是非、抓住根本。

"2017 年 11 月 25 日,人民日报头版头条刊发《昔日填海筑

---

① 刘翔:《宣传思想干部要增强"四力"》,《思想政治工作研究》2018 年第 10 期。

坝　而今撤坝建桥——玉环再改图》。一个县扒开土坝建大桥，乍一看，这算新闻吗？有中央新闻单位驻浙机构一条简讯也没发，浙江分社同志却写出一个头版头条，为什么？多数记者眼里只有一座桥，党中央机关报记者却能够从一座桥'观云识天'，真切看到新时代发展理念的深刻变革，敏锐捕捉到时代前行的新思路、新气象。"① 此事例充分说明宣传的活力在于宣传思想干部的发现力，只有打开眼界才能增强眼力。做好宣传思想干部，就是要善于用"望远镜"和"显微镜"，做到"风声雨声读书声声声入耳、家事国事天下事事事关心"，真正做到客观地、全面地、辩证地看世界，使我们的宣传思想工作具有更广阔、更深邃的背景视野。

再次，宣传思想工作贵在多思、多想、多究。广大宣传思想干部要善于思考，增强脑力，多动脑、勤思考。提高善抓主要矛盾和矛盾主要方面的能力，才能练就拨云见日、去粗取精的功夫，防止眉毛胡子一把抓。宣传思想工作不仅要反映事实表象，更要透过现象看本质，要想得宽、想得透、想得深，要知其然更要知其所以然。以上述《人民日报》的报道为例，其"承载的是思想，表达的是价值。增强脑力，以思想优势赢得话语优势，是做好党报新闻报道的重要立足点"②。面对新时代下的新变化、新机遇和新挑战，更需要宣传思想干部不断增强脑力，多想、多思、多究，让脑子动起来、活起来、转起来。因此，增强脑力，必须要始终保持思想的敏锐性和开放度，将守正创新作为落脚点和出发点，不断掌握新知识、熟悉新领域、开拓新视野，特别是

① 王一彪:《不断增强"四力"妙笔书写新时代》，人民网，2019年1月6日。
② 同上。

要加强习近平新时代中国特色社会主义思想的学习，切实做到学懂弄通做实，用新思想武装头脑、指导实践、推动工作。

最后，宣传思想工作是做"大脑"的工作，只有以雄健笔力将党的宣传思想工作内容转化为通俗易懂的话语，才能使之顺利抵达人民群众的脑中，因此要努力成为一个下笔有神、出笔不凡、妙笔生花的宣传思想干部。笔力，是一个人对语言文字驾驭能力的体现，是"四力"的落脚点。无论是"脚力"的奔波，还是"眼力"的洞察，或者"脑力"的思考，一旦缺少"笔力"的表达，就一切都归于零。因此，广大宣传思想干部要具备锤炼笔力、练就"几把刷子"的能力。想要提高"笔力"，就要勤动笔、勤动手。只有通过日积月累的学习和训练，才能做到倚马可待。只有不断抓作风、改文风，以鲜活生动的语言进行表达，少一些结论和概念，多一些事实和分析，少一些空泛说教，多一些真情实感，少一些抽象道理，多一些鲜活事例，才能让广大群众喜欢听、愿意看，听得懂、看得进，从而做到吸引人、打动人和感染人，让宣传思想工作引人入胜、深入人心。总而言之，发时代之先声，宣传思想干部责无旁贷。

宣传思想工作队伍增强"四力"，关键是要在党的全面领导下加强宣传思想工作，旗帜鲜明地坚持党管宣传、党管意识形态、党管媒体，始终以党的政治建设为统领，牢固树立"四个意识"，坚定"四个自信"，坚决维护习近平总书记在党中央和全党的核心地位，坚决维护党中央权威和集中统一领导，牢牢把握正确的政治方向。同时，还要把握时代发展趋势，正确判断当今舆论生态、媒体格局以及传播方式正在发生的变化，勇于创新变革，引领社会潮流。广大宣传思想干部要深刻领会习近平总书记重要讲话精神，扎实贯彻落实习近平总书记关于宣传思想工作的重要论述，不断磨炼脚力、眼力、脑力和笔力，加强传播手段和话语方式的创新，迈开双步丈量大地、睁大锐眼洞察天下、开动脑筋深入思考、勤于动手练就妙笔，用生动的形式、多样的手段展示伟大的新时代，真正做到政治过硬、本领高强、求实创新、能打胜仗，形成全方位、多层次、多声部的主流舆论传播矩阵，推动宣传思想工作在新时代新形势下更具感染力和号召力。

第二讲

新要求：打造合格的党的
宣传思想干部队伍

做好党的宣传思想工作，关键在人、关键在队伍，习近平总书记指出，"宣传思想干部要不断掌握新知识、熟悉新领域、开拓新视野，增强本领能力，加强调查研究，不断增强脚力、眼力、脑力、笔力，努力打造一支政治过硬、本领高强、求实创新、能打胜仗的宣传思想工作队伍"①。这是对宣传思想干部队伍建设的新要求，也是我们党对宣传思想干部队伍建设重要理论的新发展，与党的十八大以来对新闻舆论工作者、文化工作者等队伍的建设要求一脉相承。

---

① 《习近平在全国宣传思想工作会议上强调 举旗帜聚民心育新人兴文化展形象 更好完成新形势下宣传思想工作使命任务》，《人民日报》2018年8月23日。

一、不断提高把握正确方向导向的能力

导向问题的极端重要性，赋予了宣传思想干部强烈的政治责任。导向是核心、是灵魂，把握正确的方向导向事关旗帜和道路，事关贯彻落实党的理论和路线方针政策，事关顺利推进党和国家各项事业，事关党和国家的前途命运。习近平总书记强调，要把坚持正确导向摆在首位，始终绷紧导向这根弦，讲导向不含糊、抓导向不放松。[①] 导向正确，可以引领社会、凝聚人心、推动发展；导向出现偏差，则会撕裂社会、搞乱人心，就会出大问题。做好宣传思想工作，必须以导向为根本、视导向为生命，牢牢把握正确导向，必须以正确的导向来帮助人们明辨是非，引领潮流，全面营造有利于坚持党的领导和中国特色社会主义制度、有利于推动改革发展、有利于增进全国各族人民团结、有利于维护社会和谐稳定的舆论氛围。这是全国各族人民的根本利益所在，也是宣传思想干部的责任价值所在。

一要坚持党性原则。党的媒体是党和政府的宣传阵地，必须姓党。党的新闻媒体的所有工作，都要体现党的意志、反映党的主张，维护党中央权威、维护党的团结，做到爱党、护党、为党。坚持正确的政治方向，根本的就是要大力宣传共产主义远大理想和中国特色社会主义共同理想、"两个一百年"奋斗目标，以及党的基本理论、基本路线、基本方略。要旗帜鲜明地把党性

---

① 《习近平在全国宣传思想工作会议上强调　胸怀大局把握大势着眼大事　努力把宣传思想工作做得更好》，《人民日报》2013 年 8 月 21 日。

原则贯彻到宣传思想全过程，必须增强看齐意识，以党的旗帜为旗帜，以党的方向为方向，以党的意志为意志，在政治立场、政治方向、政治原则、政治道路上自觉同以习近平同志为核心的党中央保持高度一致。要把宣传习近平新时代中国特色社会主义思想作为首要任务，把严守政治纪律、政治规矩和宣传纪律作为最大政治，严把宣传导向和创作导向，确保同党中央一个立场、一个声音，理直气壮地履行职责。

二要树立以人民为中心的工作导向。"为了谁、依靠谁、我是谁"，是宣传思想工作必须把握的根本问题。习近平总书记指出，"党性和人民性从来都是一致的、统一的"①。从本质上来说，坚持党性就是坚持人民性，坚持人民性就是坚持党性，党性寓于人民性之中，没有脱离人民性的党性，也没有脱离党性的人民性。这个重大命题的论述，丰富和发展了马克思主义关于党性和人民性的理论，是宣传思想工作必须遵循的总方针和总要求。实践证明，宣传思想工作的生命力就在于坚持以人民为中心的工作导向，实现党性和人民性的有机统一。我们党是全心全意为人民服务、代表中国最广大人民的根本利益、来自人民为了人民的马克思主义政党。党的一切奋斗，都是为了实现人民的幸福。党的"一切为了群众，从群众中来，到群众中去"的群众路线，是党的根本工作路线。我们一定要按照习近平总书记的要求，树立以人民为中心的工作导向和宣传理念，尊重人民的主体地位，向群众学习，拜群众为师，从群众中汲取智慧和力量，牢记宗旨意识，认清自身角色，把个人追求融入党和人民的事业当中，真正实现好、维护好、发展好最广大人民根本利益。宣传思想工作只

---

① 《习近平谈治国理政》第一卷，外文出版社 2018 年版，第 154 页。

有把党性和人民性统一结合起来，才能把实现党的主张和反映人民心声统一起来，把服务群众和教育引导群众结合起来，把满足需求同提高素养结合起来，不断丰富人民精神世界，增强人民精神力量，满足人民精神需求。

三要围绕中心，服务大局。习近平总书记指出："经济建设是党的中心工作，意识形态工作是党的一项极端重要的工作"，"宣传思想工作一定要把围绕中心、服务大局作为基本职责"。① 这充分阐明了经济建设工作与意识形态工作的关系，是对宣传思想工作基本职责的时代定位。当前，要紧紧围绕加强中国特色社会主义和中国梦的宣传教育来开展工作，聚焦坚持和发展中国特色社会主义、实现中华民族伟大复兴的中国梦这一主题做大做实宣传教育工作，使广大干部群众认识到中国道路、中国理论、中国制度、中国文化的优越性，从而更好地坚定全国各族人民的共同理想。要紧紧围绕经济建设这个中心，为全面建成小康社会营造良好的思想舆论环境，把党和政府的声音传播出去，把社会主义发展新成绩展示出来，更好地反映人民群众对新时代的迫切期望，使富强、民主、文明、和谐，自由、平等、公正、法治，爱国、敬业、诚信、友善的社会主义核心价值观成为广大人民群众的共同价值追求。要紧紧围绕改革发展稳定这个大局，为深化改革开放提供良好社会舆论，倡导求真务实的工作作风，大力培育科学发展、实干兴邦的浓厚氛围，宣传好党的好政策，解读好中央关于推进全面深化改革的一系列重大举措，准确反映我国经济发展的基本面，破除人民群众心中的疑惑，找准思想认识的共同点、利益关系的交汇点、化解矛盾的切入点，引导社会情绪，增进社

①《习近平谈治国理政》第一卷，外文出版社 2018 年版，第 153 页。

会共识，促进社会和谐，为经济社会持续健康发展提供有力舆论支持。

二、巩固壮大主流思想文化的能力

中国的发展进步，离不开积极向上的思想动力；中华民族的伟大复兴，更需要凝聚 13 亿多人的奋进力量。习近平总书记指出："坚持团结稳定鼓劲、正面宣传为主，是宣传思想工作必须遵循的重要方针。我们正在进行具有许多新的历史特点的伟大斗争，面临的挑战和困难前所未有，必须坚持巩固壮大主流思想舆论，弘扬主旋律，传播正能量，激发全社会团结奋进的强大力量。"[①] 新中国成立 70 年来，无论是党和人民奋斗历程的宣传教育，社会主义建设、改革开放重大成就和进步的宣传教育，或者是先进人物先进典型的宣传教育，都取得了显著成效，极大地振奋了民族精神，夯实了全国各族人民团结奋斗的思想基础。

一要坚持正面宣传为主。党的宣传思想工作是党全部工作的重要组成部分，唯有坚定站在党和人民的立场，本着对党的事业、国家前途、人民利益高度负责的态度，运用发展思维和改革思路来全面认识现实，把握大局与大势，坚持团结稳定鼓劲、正面宣传为主，才能唱响主旋律，传播正能量，不断巩固和壮大主流思想舆论阵地。新形势下，坚持和发展中国特色社会主义、实现中华民族伟大复兴的中国梦，是全党全国各族人民的共同理想，是当代中国发展进步的鲜明主题。宣传思想工作必须牢牢把

---

① 《习近平谈治国理政》第一卷，外文出版社 2018 年版，第 155 页。

握这个主题、聚焦这个主题，将其作为巩固壮大主流思想舆论阵地的核心内容。"要加强社会主义核心价值体系建设，积极培育和践行社会主义核心价值观，全面提高公民道德素质，培育知荣辱、讲正气、作奉献、促和谐的良好风尚。"① 同时，要把正面宣传、舆论监督和舆论斗争统一起来，坚持正面宣传为主，要把主流思想统一到团结稳定、鼓劲实干上来，切实改进舆论监督的效果，实现监督的准确性、科学性、法制化和有效性的有机统一，争取和团结可以争取、能够团结的力量，有理有利有节地开展舆论领域的斗争。

二要提升质量和水平。随着我国日益走向世界舞台中央，不同制度模式和发展道路的博弈更加激烈；随着经济体制深刻变革、社会结构深刻变动、利益格局深刻调整，社会思想文化和价值观念也呈现出多元多样多变的特征，呈现错综复杂的状况，使宣传思想工作的难度空前增大。我们正在进行具有许多新的历史特点的伟大斗争，面临的挑战和困难也前所未有。习近平总书记强调："关键是要提高质量和水平，把握好时、度、效，增强吸引力和感染力，让群众爱听爱看、产生共鸣，充分发挥正面宣传鼓舞人、激励人的作用。在事关大是大非和政治原则问题上，必须增强主动性、掌握主动权、打好主动仗，帮助干部群众划清是非界限、澄清模糊认识。"②

在宣传思想工作中，要把握时效性，就是要抢先一步、先声夺人，在关键问题、重大时刻不失声、不缺位，从而实现尽早和尽快发声，最大限度地控制负面信息的传播，让错误的观点没有生存的空间。要把握好度，处理好政府的角色是什么、该管些什

①《习近平谈治国理政》第一卷，外文出版社 2018 年版，第 154 页。
② 同上书，第 155 页。

么以及怎么管理的关系，把握好舆论引导和党管媒体的边界，保证舆论引导适度，在合理区间传播，防止拿捏失衡，导致火候不足或是火候太大。要增强效果，从传播的实际效果出发，适应时代的需要，把握信息时代传播的规律和特点，更新传播的理念，创新传播的手段，增强吸引力、感染力，更好地贴近人民群众的现实生活，真正做到所传播的信息是群众身边的、感兴趣的，接收后是起正面效果的，提升宣传的质量和水平。要坚决反对那种把个别事件渲染成普遍现象、追求轰动效应、湮没党和人民主流声音的做法，掌握话语主动权，帮助干部群众划清是非界限、澄清模糊认识。

三要把握创新驱动。习近平总书记指出："做好宣传思想工作，比以往任何时候都更加需要创新。""宣传思想工作创新，重点要抓好理念创新、手段创新、基层工作创新。"① 创新是推动时代发展的动力，40多年改革开放成绩的取得与坚持以创新为核心的时代精神是密不可分的。宣传思想工作崭新局面的开创也离不开创新的驱动，要适应时代发展的步伐和人民群众的需要，宣传思想工作就必须推进改革创新，推进在理念、手段、基层工作等方面的创新突破，只有这样，才能不断提高全国各族人民的思想共识，推进马克思主义的中国化、大众化、时代化，不断巩固马克思主义在意识形态领域的指导地位。

当前，宣传思想工作的内外部环境、工作手段、工作对象都发生了巨大的变化，以往好的做法、好的手段有些已经不适应时代的需要了，如果墨守成规，不主动出击适应这些变化，依然沿袭旧习，势必让宣传效果大打折扣。只有拥抱时代，改革创新，

---

① 中共中央文献研究室编：《习近平关于全面深化改革论述摘编》，中央文献出版社2014年版，第84页。

才能更新理念，跟进时代和人民的需要，引领宣传导向的转变。必须增强时代感、紧迫感和责任感，勉力而为，大力倡导宣传思想工作领域的大变革，要让改革创新蔚然成风，尊重一切改革创新的理念，支持一切实现改革创新的方式手段，肯定一切改革创新的成果。

三、强化意识形态阵地管理的能力

宣传思想工作是党的一项重要工作，是治国理政、定国安邦的大事。新形势下，意识形态领域的斗争更加尖锐复杂，以互联网为阵地的意识形态的争夺越发激烈，各种敌对势力在网上兴风作浪，对我意识形态领域的安全构成重大威胁，对此，必须保持高度警惕，切不可麻痹大意。说到底，宣传思想工作健康顺利发展的前提，是我们党必须牢牢把握意识形态的领导权和控制权，应对各种挑战和威胁，确保阵地不失。

一要做到监管全覆盖。习近平总书记强调："新闻舆论工作各个方面、各个环节都要坚持正确舆论导向。各级党报党刊、电台电视台要讲导向，都市类报刊、新媒体也要讲导向；新闻报道要讲导向，副刊、专题节目、广告宣传也要讲导向；时政新闻要讲导向，娱乐类、社会类新闻也要讲导向；国内新闻报道要讲导向，国际新闻报道也要讲导向。"① 习近平总书记的这一重要论述，具有极强的现实指导性和针对性。近几年，针对文化领域出现的一些丑陋现象，各级监管部门相继出台了一系列遏制过度娱乐以

---

① 《习近平谈治国理政》第二卷，外文出版社 2017 年版，第 332—333 页。

及节目低俗化、媚俗化、恶俗化的措施，改变了以往资源过度集中在真人秀、歌唱类选拔节目等领域的状况；在对新闻从业人员的管理方面，实施了不良从业行为记录登记制度；对网络自媒体管理规范化，对外资合资开办网络经营业务加强了管理。但是也必须看到，这种全覆盖无论是覆盖的领域、覆盖的范围还是实施的手段都存在短板，不能完全适应互联网时代的现实情况。同时一些报纸和广播电视媒体为了吸引眼球，与网络媒体争夺流量，存在跟风雷同、过度炒作、打擦边球的现象。在互联网，一些充斥暴力、色情等不良倾向的内容还普遍存在，这些都必须给予高度重视。要持之以恒地抓好监管和综合治理，对传统媒体要做到有效监听监测，创新对图书、电子音像出版物的管理工作，依法开展事前、事中和事后的监督。要保持整治虚假新闻的高压态势，推进"扫黄打非"行动持续深入，要规范播出纪律和队伍纪律，加大对节目的综合评价体系建设，调控各类媒体播出力度，保护知识产权。要加强对移动媒体播放节目的服务管理，规范网络出版秩序，确保互联网上传播的节目不越纪、不越规，安全可靠，进而改善网络传播从业生态。

二要树立敢于亮剑的精神。对宣传思想工作的主导权的掌握，必须旗帜鲜明，强化使命担当，要确保在大是大非面前立场坚定，敢于同错误言论作坚决的斗争，在尖锐复杂矛盾面前敢于较真碰硬，发扬亮剑精神。宣传思想干部要履行好主体责任，承担其使命任务，要加大对新事物新情况的研究，主动探索适应互联网规律的知识和手段，要练就"好身手"，使好"锋利刃"，真正成为宣传思想领域的行家里手。要实现敢抓能管、善抓会管的高效领导体制和工作机制，加快制度建设，破除各种障碍，建立完善的制度体系和追责问责制度。历史经验表明，宣传思想工作是党的一大传统、一大优势，是宣传群众、组织群众、动员群众为实现自己利益而奋斗的强大武器。我们要破除一切不合时宜的体制机制弊端，突破利益固化的樊篱，构建系统完备、科学规范、运行有效的制度体系，要遵循宣传思想工作的基本工作规律，制定和执行符合意识形态工作现状和要求的机制体制，为意识形态工作顺利高效开展提供有力制度保障。各级党委必须从维护党和国家政治安全、政权安全的高度，进一步增强政治责任和使命感，不断增强宣传思想工作的主动性和自觉性。各级领导班子特别是主要领导干部必须树立宽广的视野，强化战略思维和底线思维，强化责任担当意识。要压实压紧各级党委主体责任，加强日常监管工作，强化责任考核评比制度，切实把党中央有关决策部署落实到位。各级党组织要保持战略定力，旗帜鲜明支持正确思想言论，面对各种错误言论要敢于亮剑、敢抓敢管，在大是大非面前要坚守政治原则，不躲避不含糊，不当"两面人"。各级党组织负责人要坚守意识形态工作最前线，有担当、有魄力，切实做好党的意识形态工作，确保任务落实到人，加强工作考核管理，把意识形态工作作为党委工作的一项重要考核项目，贯彻主管主办和属地管理原则，切实做到守土有责、守土负责、守土尽责。意识形态工作敏感度高、关注度高，稍有不慎就有可能造成巨大损失，必须坚决消除意识形态领域不作为、乱作为现象，对于失职失责行为要严厉追究。

　　三要加强基层阵地建设。基层是社会的细胞和基础，宣传思想工作只有重视基层，才能体现人民性、体现以人民为中心的工作导向，才能让党的路线方针政策真正落地落实。近年来，基层社会结构发生了深刻变化，群众的思想更加多元，精神需求层次更高，人与人之间的关系更加复杂。要充分认识这一变化给宣传思想工作带来的挑战，改变宣传思想工作基层难以有所作为的错误认识，真正树立"行动即宣传、服务即宣传"的理念，将宣传思想工作与有针对性地服务群众紧密结合，坚持虚功实做，找准不同人群的现实需求，特别是在信息、思想和心理方面的需求，多采取抓项目、办实事的做法，巩固提升传统阵地，结合现实环境变化，努力创新阵地建设和运营管理模式，结合各地文化特色、消费习惯和群众接受心理，以方便、实用为原则，维护好广播电视、出版物等传统媒体，公共场合各类媒体、各类文化中心、文化广场等宣传阵地，使其功能得到更好的发挥。要充分考虑不同人群的思想需求，通过持续、细致的工作，不断发现群众的思想困惑和心理需求，进而消除困惑、增强信心、振奋精神。要利用微信、微博、客户端等互联网和移动互联网新兴载体，在网络共建中大力开辟各种新的宣传阵地，并探索形成实用有效的工作模式，为做好互联网上的宣传思想工作提供坚实的平台和基础。

四、加强网上舆论宣传和斗争的能力

把网上舆论工作作为重中之重，是确保国家安全和意识形态安全的重大决策。习近平总书记强调："要依法加强网络社会管理，加强网络新技术新应用的管理，确保互联网可管可控，使我们的网络空间清朗起来。"[1] 网络技术、传播手段的高速发展，促进了社会各个领域的创新和发展，也使各种思想文化在互联网这

———
① 中共中央文献研究室编:《习近平关于全面深化改革论述摘编》，中央文献出版社 2014 年版，第 84 页。

片蓝海中激荡，加剧了我国思想文化领域的大变革，使之呈现出一种多元多样和多变的态势。伴随移动终端的普及，自媒体时代下人人都成为信息的创造者和接收者，传播源头和传播渠道多变复杂成为新常态，网络对社会舆论的影响日趋加剧，互联网逐渐成为各种观点思潮的角斗场。要加大统筹力度，实现网络发展和网络舆论管理的有机统一，确保网络安全和意识形态安全。

一要强化网络正能量的传播。互联网不是法外之地，必须本着对社会负责、对人民负责的态度，依法加强网络空间管理，加强网络正面宣传力度，改进舆论引导方法，积极传播网上正能量。要坚持管建统一，保证正面宣传在网络领域有声音、有市场、起效果。确保网络领域以正面宣传为主，围绕时代主题，讲好中国故事，传播中国声音，推进中国特色社会主义理论体系在互联网的传播，让互联网成为赞颂社会主义新成就的阵地。要提高舆论引导水平，坚持正确导向，从网站建设到传播内容、传播手段等都要做到全程跟踪。要研究新情况，对互联网上出现的一些负面消息要及时应对，对网民关注的事件和重大理论问题要及时做好引导，防止错误思想和模糊认识引起社会舆论的哗然，把社会情绪引导到理性的轨道。

二要大力推动新兴媒体发展。传统媒体和互联网媒体的融合发展逐渐成为现实，新兴媒体的繁荣发展推动着宣传思想工作的创新，必须加大对新兴媒体的研究。现实情况是，如果不懂得新兴媒体的特点，不会高效使用新兴媒体，敌对势力将会控制这一领域，那么我们的话语权和主导权就会丢失，阵地就可能沦陷。因此，必须大力推动党报党刊等传统媒体数字化、网络化和移动化的转型升级步伐，抢抓互联网发展机遇，规划出一条传统媒体和互联网融合发展的道路。

三要加强网络社会治理。网上舆论工作，正能量是总要求，管得住是硬道理。必须看到，网络舆论的传播具有不确定性，使得网络舆论传播中的风险防控面临更为复杂的局面。少数互联网媒体为了获取利益，以所谓"避风港原则"为掩护，以所谓"技术中立"为借口，推卸主体监管责任，默许、放纵低俗庸俗恶俗文化和毒化社会风气的不良信息在网上传播。要实现科学管理、依法管理的统一，落实国家关于互联网管理的相关规定，推进网络法治化进程。要加快法律体系建设，构建起从行业监管、行业自律到技术保障和公众监督的共治体系，不断提高对网络社会的管理效能。要继续推进网络实名注册制度，加强网民诚信体系建设，加强网站登记许可制度，对多次严重违规人员和机构要采取行业退出机制和禁入机制。要鼓励文明网站建设，让文明网站成为理性和健康声音的发声器，确保网络环境风清气正。要持续打击传播淫秽色情和低俗信息行为，保护公民个人信息安全，坚决打击网络谣言，依法惩治不法分子，切实规范网络信息传播秩序。要加强对网站从业人员的培训和管理，对重点部门和关键岗位要实行考核上岗制度。要开展净网活动，完善网络举报和奖励制度，推动广大网民积极参与网络文明建设，实现净化网络环境的目的。

五、处理复杂问题和突发事件的能力

当前，新媒体发展迅猛，随着人人都是记者的自媒体时代的到来，传统媒体特别是地方的广播电视，屡屡在各类突发事件报道中"落败"。一部智能手机，通过微信、微博及新闻客户端等，让人人都可以第一时间掌握最新的资讯信息。宣传思想干部要在迅猛发展的新媒体时代做好思想宣传工作，必须把握新媒体时代信息传播的特点和趋势，因势而谋，提高处理复杂问题和突发事件的能力。

一要建立预警机制。社会舆情是指在一定的社会空间内，围绕某些社会事件的发生、发展和变化，民众对国家管理产生和持有的社会政治态度。在目前较为复杂的思想文化环境中，多种舆情事件层出不穷，大力加强舆情预警处置机制建设，及时掌握舆情动态，探索舆情产生和发展变化规律，有效应对社会舆情，对于促进党和政府科学民主决策、提升党的执政能力、推进社会和谐具有重要意义。所谓舆情预警处置机制，是指从危机事件的征兆出现到危机开始造成可感知的损失这段时间内，化解和应对危机所采取的必要、有效行动的程序和制度。主要包括舆情信息收集、舆情信息分析、舆情发展方向预测和舆情处置等方面的内容。第一，加强舆情信息收集。要拓展信息采集渠道，建立健全舆情监控系统，第一时间大量采集、汇总各类舆情信息，敏锐捕捉一些带有苗头性、倾向性的问题，为准确作出预警处置奠定基础。第二，加强分析研判。要加强部门间沟通协调，建立健全舆情分析联席会议制度，定期召开舆情分析会议，认真分析舆情产生的原因、发展趋势及其影响，准确把握舆情动态、判断危机走向，做到主动预判。第三，制定危机预警方案。要针对各种可能出现的危机事件，在深入分析的基础上，科学划分预警级别，并根据预警等级制定详尽的判断标准和预警方案，做到一旦危机出现便有章可循、对症下药、有效应对。第四，进行有效处置。涉及舆情危机的相关部门要相互配合、协同作战，密切关注事态发展，加强监测力度，及时传递和沟通信息，采取措施有效应对。

必要时对预案进行适当调整,形成符合实际需要的危机应对措施。第五,经验总结和归纳提升。要通过对各次预警和处置事件的相同性和相异性进行分析研究,归纳总结必要的经验和理论,以指导以后的实践。

二要倡导建立信息公开制度。传播学鼻祖施拉姆曾经指出:"对于公众危机,首先应该是信息公开。"信息不透明、阻塞,将会引起公众的恐慌心理,甚至会引发盲动、骚乱、暴乱等社会负面行为。随着信息量的剧增,人们获取信息的速度越来越快、获取信息的途径越来越广。但是由于信息的不对称性和不完整性,面对复杂多变的信息人们往往应接不暇,不知所措,人们急需了解突发事件的完整面目,以确保自身利益不受损害。此时,如果党媒不介入,不及时准确地开展报道,快速多变的信息往往容易在人民群众当中形成各种疑惑和谣言,引起人们对所关注事件的焦虑。因此,必须要启动突发事件应急机制,在第一时间、第一现场,掌握第一手资料,开展跟踪调查,回应人们的关切,向公众展示事件的全过程。要对事后引发的各类问题做全方位、立体化报道,表明媒体和相关机构的态度,扩大宣传的深度和广度,从而形成舆论强势。全面、客观、真实的报道和评论,有利于彰显相关机构的责任感和使命感,树立其权威性,为妥善处置事件营造良好的舆论氛围。另外,完整、深入的报道也更能让民众信服。

三要畅通上下沟通渠道。复杂问题和突发事件之所以难处理,关键在于参与事件的主体没有一个有效而直接的沟通平台。政府和公众之间增强互动沟通,能够让公众表达自己的利益诉求,增强公众对政府的认知,使公众能够充分了解政府在舆情事件中充当的正面角色和采取的各项措施。因此,宣传思想工作者必须具备上下平衡的能力，也就是把握"上情下达"和"下情上达"的平衡，发挥喉舌和耳目两个作用。对于复杂的突发事件，大众最想了解的是究竟发生了什么、现在是什么状况、为什么会发生这样的事情。以往，媒体在面对这种局面时，大多在政府设定的主题和范围内展开报道，反映的都是政府的态度，很少向政府反馈群众的意见。而现实情况是，随着事件的不断演化，真相离大家越来越近，事件中各种利益攸关方开始博弈，政府如果听不到群众的反映，就会导致沟通不畅。这个时候就需要宣传思想干部及时补位，发挥"上情下达"和"下情上达"的功能。主流媒体如果不能做到对整个事件全程参与，不了解问题之前、问题之后的政策，就很难充当"喉舌"，所报道的内容自然就不能让大众信服。因此，主流媒体必须善于运用辩证思维，本着对事实高度负责的态度，采取专业务实的工作作风，为政府相关机构科学决策提供依据。

第三讲

增脚力：把实践和
基层当作课堂

认识来源于实践，实践是我们获得认识、检验认识、发现真理和规律的主要途径。要使宣传思想工作更加符合客观实际、跟上新时代的节拍，更好体现规律性、增强时代性、富于创造性，就要在增脚力上下功夫，自觉践行党的群众路线，大力弘扬求真务实精神，用好调查研究这个传家宝，把实践和基层作为提高能力、增长才干的课堂，切实扑下身子、沉到一线，主动向实践学习、向基层学习、向群众学习，不断提高总结经验、提炼认识、推动工作的能力，展现新形势下宣传思想干部队伍的良好作风和精神风貌。

一、大兴调查研究之风

重视调查研究、善于调查研究，是我们必须始终坚持和发扬的优良传统，是坚持辩证唯物主义和历史唯物主义世界观、方法论的必然要求。进行调查研究的过程就是坚持和发扬党的群众路线的过程。对宣传思想工作来讲，只有大兴调查研究之风，才能抓住事关全局和长远的重大问题，抓住制约事业发展的难点问题，抓住人民群众关心关注的突出问题，不断开创宣传思想工作的新局面。

调查研究是我们党的优良传统。中国革命和建设的全部实践证明，调查研究是我们党顺利开展各项工作的前提和基础，在各个历史时期党的各项工作中具有不可替代的基础性作用。我们党的历史就是一部不断深入调查研究、不断开创革命和建设事业新局面的历史。

调查研究是马列主义理论创立的重要源泉。调查研究历来是我们科学认识社会、合理改造社会的基本方法，是认识与实践、理论与实践相结合的基本环节，离开调查研究，就难以准确把握事物内在的规律，就难以产生正确的认识。马克思列宁主义是我们党的思想理论基础，其创立与完善就建立在大量的调查研究基础之上。通过深入的调查研究，马克思、恩格斯占有了大量的第一手资料，并进行了艰苦细致的分析和科学概括，最终形成了正确的认识，逐步形成了科学的理论体系。为了完成《资本论》的写作，马克思在 40 年左右的时间里，到相关领域进行深入细致的调查研究,并对收集整理的资料进行反复的研究、比较、分析,写出了大量的调查报告,为最终完成这一历史性著作打下了坚实的基础。恩格斯经常到工厂一线实习和生活,了解工人的工作、生活和斗争情况,阅读了大量关于工人阶级状况的资料,撰写了《英国工人阶级状况》这一闪烁着理论光辉的著作。《德意志意识形态》《雇佣劳动与资本》《共产党宣言》等伟大著作都是建立在大量调查研究基础上的马列主义经典文献。列宁也非常重视调查研究,他主张应竭尽全力把事实作为制定政策的基础,经常深入实际调查俄国国情,掌握了大量的统计资料,用马克思主义的方法进行科学分析,形成了"社会主义革命可以首先在一个国家胜利"的科学认识,为世界无产阶级运动作出了杰出贡献,丰富和发展了马克思主义理论。可以说,马克思列宁主义形成的过程就是不断对经济社会进行调查研究的过程。

调查研究是中国革命和建设取得胜利的重要前提。如何在一个半殖民地半封建的落后国家完成新民主主义革命,如何进行社会主义改造和社会主义建设,这些重大的问题不可能在马列主义的经典中找到现成的答案,只有坚持调查研究,不断在实践中探索中国革命的特点和规律,把马列主义的理论与中国革命和建设的具体实践结合起来,才可能得出正确的认识。在长期的斗争实践和深入细致的调查研究的基础上,我们党对中国革命和建设的特点、规律有了科学、系统的认识,逐步形成发展了关于中国革命和建设的理论、路线和方针政策。比如,毛泽东在深入考察研究工人运动、农民运动的基础上,写出了《中国社会各阶级的分析》《湖南农民运动考察报告》两篇光辉著作,把马列主义原理与中国革命实际相结合,系统地回答了在半殖民地半封建社会的中国,革命的性质是什么、革命的动力是什么、革命的前途在哪里等一系列中国，革命的基本问题，为中国革命指明了出路。也正是在调查研究的基础上，以毛泽东同志为代表的中国共产党人认识到"农民问题是中国革命的重心问题"，从而把革命的重心转移到进行土地革命、开展武装斗争、建设农村革命根据地上来，打破了当时党内对中国革命方式的教条化认识，开创了一条最符合中国实际的"农村包围城市"的革命道路。毛泽东曾作出"没有调查就没有发言权""不做正确的调查同样没有发言权""中国革命斗争的胜利要靠中国同志了解中国情况"等精辟论断，为党的作风建设、中国革命和建设取得最终胜利奠定了基础。

调查研究是改革开放伟大创举的思想源泉。党的十一届三中全会后，党和国家的战略重点转移到了社会主义现代化建设上来，"解放思想、实事求是"的思想路线在全党重新确立，调查研究的优良传统得以恢复和发扬。以邓小平同志为核心的党的第二代中央领导集体，动员和组织全党广泛进行调查研究，逐步认清了我国的基本国情，以"摸着石头过河"的探索态度，大力弘扬调查研究、求真务实的工作作风，作出了改革开放的伟大战略部署。并立足于我国的基本国情，在党的十二大上提出了"小康"这个宏伟目标。为了保证目标的科学性，邓小平到苏、浙、沪等相对发达地区进行深入调研，掌握了大量的第一手资料，进一步肯定了"小康"目标的可行性，并逐步形成了现代化建设"三步走"战略部署。关于如何认识计划经济和市场经济，邓小平在1992年深入深圳、上海等经济发达地区，到基层一线进行了广泛的调查研究，坚定了继续深入推进改革开放的决心，提出了用"三个有利于"来判断改革开放姓"资"还是姓"社"的观点，他明确指出，社会主义也有市场，资本主义也有计划，计划和市场都是经济手段，为发展社会主义市场经济明确了方向。江泽民同样非常重视调查研究，始终把调查研究之风作为加强党风建设的关键。为深入推进改革开放伟大事业，江泽民先后深入多个地区调查研究，集全党智慧形成了 "三个代表" 重要思想，回答了改革开放条件下建设什么样的党、怎样建设党等基本问题，为马克思主义执政党建设作出了贡献。胡锦涛围绕改革开放中出现的一些重要问题，积极开展调查研究，在分析矛盾、解决矛盾的过程中，逐步形成了科学发展观这一反映中国经济社会发展内涵和本质的科学理论，为推进改革开放伟大进程作出了重大贡献。习近平总书记高度重视调查研究，在多个场合明确指出 "调查研究是谋事之基、成事之道"，号召全党大兴调查研究之风。在调查研究的基础上，逐步分析出中国特色社会主义进入新时代以来的特点和规律，形成了习近平新时代中国特色社会主义思想，成为中国特色社会主义事业的指导思想，为发展马克思主义作出了重要贡献。

调查研究是新时代宣传思想工作的内在要求。宣传思想工作是我们党开展思想工作的主阵地，是意识形态斗争的主阵地，是团结广大群众、凝聚中华儿女智慧致力于中华民族伟大复兴的中国梦的凝心聚气工作，是宣传党的路线方针政策的重要工具，是讲好中国故事的重要平台。大力弘扬调查研究的优良作风，是新时代宣传思想工作的内在要求。

宣传好党的路线方针政策需要宣传思想工作大兴调查研究之风。调查研究是贯彻党的群众路线的内在要求，是宣传思想工作必须要遵循的根本工作方法。只有增强脚力，经常深入一线和群众当中进行深入细致的调查研究，才能弄清宣传思想工作面临的实际矛盾和问题，才能听清群众对宣传思想工作的意见和建议，才能找准党的路线方针政策在一线落实过程中存在的深层次矛盾，为制定好对策，改善方式，深入推进党的路线方针政策的落实打下良好的基础。中国特色社会主义进入新时代以来，经济社会发展遇到的矛盾更加突出，党的路线方针政策的制定和贯彻执行需要考虑的因素更多，宣传思想工作面临的情况也更加复杂。时代越发展，情况越复杂，越需要宣传思想工作坚持调查研究的根本工作作风，努力掌握宣传思想工作中的第一手资料，认真分析宣传思想工作面临的形势、任务、特点和规律，着眼现实矛盾和问题，确保宣传思想工作服务于群众、服务于中国特色社会主义的建设大局。

讲好中国故事需要宣传思想工作大兴调查研究之风。意识形态领域的斗争在中国特色社会主义进入新时代以来不是减弱了，而是加剧了，各种各样的非无产阶级观点借助新兴媒体加速传播，正在影响和冲击着人们的思想和观念。无论从斗争内容、斗争手段、斗争形式上，还是从斗争的深度、广度上看，宣传思想工作面临的形势和任务都更加严峻。作为意识形态领域斗争的主阵地，宣传思想工作必须大力弘扬调查研究之风，深入了解宣传思想工作领域面临的新情况和新问题，弄清意识形态领域斗争的新特点，掌握意识形态领域斗争的新规律，不断创新宣传思想工作的方法手段，把具有正能量的典型中国故事挖掘好，并在适当的时机以适当的方式讲好。把群众创造的宣传思想工作好的经验和做法总结好、推广好，争取多管齐下、全方位开花，在意识形态斗争领域始终占据主动、占领制高点。

保持宣传思想工作的正确方向需要大兴调查研究之风。习近平总书记指出，"调查研究是谋事之基、成事之道。没有调查,就没有发言权,更没有决策权。研究、思考、确定全面深化改革的思路和重大举措,刻舟求剑不行,闭门造车不行,异想天开更不行,必须进行全面深入的调查研究"①。当前,中国特色社会主义事业进入新时代,所面临的矛盾和问题空前复杂,党的宣传思想工作肩负的任务更加繁重,标准和要求更高,必须把统一思想、凝聚力量作为宣传思想工作的中心环节,始终保持宣传思想工作的正确方向。我国发展形势总的很好,我们党要团结带领人民实现党的十九大确定的战略目标,夺取中国特色社会主义新胜利,更加需要坚定信心、鼓舞斗志,更加需要同心同德、团结奋斗。宣传思想工作必须把人民对美好生活的向往作为奋斗目标,既解决实际问题又解决思想问题,更好强信心、聚民心、暖人心、筑同心。还必须在积极主动阐释好中国道路、中国特色的同时,有效维护我国政治安全和文化安全。要完成好这些任务,就必须既要学懂弄通新时代中国特色社会主义思想,又要有深入一线进行调研的科学精神,使宣传思想工作发出时代的最强音。

调查研究是解决宣传思想工作自身矛盾和问题的客观需要。随着经济社会的发展,宣传思想工作面临的形势和任务发生了重大变化,传统的工作方式、已有的知识经验和宣传产品难以适应新时代中国特色社会主义的发展需求,宣传思想工作领域面临着深层次的矛盾和问题,需要加以重视并解决。

提高文化产品供给质量需要宣传思想工作大兴调查研究之风。当前,我国正处在经济社会发展的重要战略机遇期、改革的攻坚期、社会转型矛盾的凸显期,改革发展稳定的任务艰巨而繁重,实现强国梦的征程中各种新情况、新问题层出不穷,我们党

---

① 中共中央文献研究室编:《习近平关于全面深化改革论述摘编》,中央文献出版社 2014 年版,第 37—38 页。

所面临的执政考验、改革开放考验、市场经济考验、外部环境考验空前复杂。反映在宣传思想工作领域，主要表现为文化产业质量总体不高，现代文化产业体系和市场体系不够健全，各类文化市场主体发展不够壮大，新型文化业态和文化消费模式尚未完全形成，文化创新、创造的活力与人民群众的文化需求还有较大差距。要解决这些矛盾和问题，就需要我们坚持和发扬党的优良传统，切实加强调查研究，不断学习新知识、掌握新情况、拓宽新视野，找准问题存在的症结，努力形成解决问题的新办法、新措施，以高质量的文化供给增强人们的文化获得感、幸福感。要坚定不移地将文化体制改革引向深入，不断激发文化创新创造活力。那些自以为了解情况，凭老眼光看待新问题，靠老经验解决新矛盾，或者靠教条主义、拿来主义坐在办公室拍脑袋开展宣传思想工作的做法，只会助长形式主义、官僚主义，最终削弱宣传思想工作的作用，贻误党的事业、损害经济社会发展。

贯彻党的群众路线需要宣传思想工作大兴调查研究之风。宣传思想工作只有认真贯彻党的群众路线，扎扎实实搞好调查研究，才能切实掌握事实真相，把握问题本质，找准解决矛盾的对策，使宣传思想工作更加贴近基层、贴近群众。这样，我们讲的话群众才喜欢听，写的文章群众才喜欢读，创作的影视作品、舞台艺术群众才喜欢看。只有通过扎实有效的调查研究，并科学运用马克思主义的立场、观点和方法查找问题、解决问题，坚持不唯书、不唯上，只唯实，才能获得正确的认识，才能真正做到实事求是、知行合一，进而创造性地解决宣传思想工作中遇到的各种矛盾和问题。贯彻党的群众路线，就要使宣传思想工作体现时代性、把握规律性、富有创造性，要紧盯经济社会发展中面临的深层次矛盾和问题，紧盯群众反映强烈的难点、热点问题，扎扎实实地深入一线、深入群众搞好调查研究，讲好中国故事，传递好中国声音，只有这样才能把党的路线方针政策宣传好，才能在实践中真正坚持和发扬党的思想路线。

密切党群干群关系需要宣传思想工作大兴调查研究之风。党群、干群关系直接关系着宣传思想工作成效和思想工作"两个巩固"根本任务的完成。党的干部的作风和形象本身就是强有力的思想宣传，深入细致的调查研究，不仅可以及时掌握工作中存在的矛盾和问题，还可以及时发现群众反映强烈的干部作风问题，是我们有效克服形式主义、官僚主义的方式方法。领导干部走出机关，深入基层调研，是践行从群众中来、到群众中去的群众路线的有效途径，是聚民心、集民智的有效方法，也是检验各级干部工作作风的试金石。深入基层、深入群众进行调查研究虽然很辛苦，但是通过调查研究，不仅能够掌握新情况、新问题，发现工作中的不足，还能加深干部与群众的感情，凝聚起干部群众齐心聚力搞建设的意志和智慧。党的十八大以来，习近平总书记和中央政治局同志，率先垂范，轻车简从，带头多次深入基层调查研究，访贫问苦，问计于民，以实际行动践行党的群众路线，给全党作出了表率。

二、扑下身子、沉到一线

对于宣传思想干部而言，基层是活的思想源泉，一线是增长才干的最好课堂，群众是开展工作的最好老师，实践是检验措施的最佳平台。只有转变工作作风，切实放下架子，扑下身子，到基层一线去，到矛盾和问题突出的地方去，直接面对群众，直接面对各种矛盾和问题，才能找准宣传思想工作中的薄弱环节，并有针对性地加以改进，才能使宣传思想工作更接地气，更加具有感染力和凝聚力。

一是要坚持"一线"思维，扑下身子沉到一线。宣传思想工作者一定要扑下身子沉到一线，多看、多听、多问、多想。深入实际，才能掌握整体情况；贴近基层，才能看清问题本质；接触群众，才能理清工作思路。要切实增强"一线"思维，做到情况在一线掌握，问题在一线解决，矛盾在一线化解，措施在一线落实，成效在一线体现。

扑下身子沉到一线，是进行科学决策的内在要求。问题是时代的声音，是开展工作的出发点和落脚点。宣传思想工作涉及的内容多，涵盖的范围广，受影响的因素复杂。不扑下身子沉到一线，就难以了解实情，难以把握问题的实质，在决策上就容易出现纰漏和失误。因此，要进行科学决策，就需要扑下身子沉到一线去了解和掌握存在的客观问题，分析影响宣传思想工作实效的原因，拿出切实可行的解决办法。就需要积极转变工作作风，走出房子、放下架子、摆正位子，真正到基层一线去进行艰苦细致的调查研究，了解基层最真实的情况，调动和发挥群众的智慧，集思广益，作出符合基层实际、反映群众心声的科学决策。只有这样，才能使宣传思想工作的措施更加符合客观实际，才能确保宣传思想工作取得实实在在的效果。

扑下身子沉到一线，是提升宣传思想干部队伍素质的重要途径。基层和一线是宣传思想工作最生动、最活跃的课堂，宣传思想工作的火花在这里闪耀，文艺创作的灵感在这里汇集，创新理论的成果在这里展现。宣传思想干部经常深入基层，与群众一起工作、一起生活，不仅能够掌握真情，了解民意，也能够在基层实践过程中发现素材、开拓思路、升华认识，提高自己发现问题、分析问题、解决问题的能力。只有深入基层一线，急群众之所急、想群众之所想、盼群众之所盼，才能够认清自身工作存在的不足，才能够明白工作需努力的方向，才能够与群众紧紧站在一起，共同为宣传思想工作的开展出谋划策，从而更加科学地解决宣传思想工作存在的深层次问题，促进宣传思想工作向前向好发展。因此，深入一线的过程既是一个补课的过程，也是一个提升工作能力的过程。

扑下身子沉到一线，是转变宣传思想工作部门职能的重要方式。经济社会的发展和改革开放的不断深入，要求宣传思想工作部门的职能必须从"管理型"向"服务型"转变，由被动服务向主动服务转变。宣传思想工作的主要任务是举旗帜、聚民心、育新人、兴文化、展形象，促进全体人民在理想信念、价值理念、道德观念上紧紧团结在一起，为服务党和国家事业全局作出更大贡献。当前，意识形态领域的斗争依然复杂严峻，一线群众在众多信息的影响下，容易受到不良思想的侵蚀和干扰，宣传思想工作部门如果不转变职能和工作方式，就难以从思想上掌握群众，完成宣传思想工作的任务就会成为一句空话。

扑下身子沉到一线，是提高宣传思想工作效能的根本途径。在实际工作中，我们时常会遇到这样一种情况，有些工作不缺乏创新发展的思路、对策和措施，但是工作却不见起色。追根溯源，还是因为对实际情况把握不透，对群众意愿了解不深，对可能遇到的矛盾、障碍预测不准。正确的决策从哪里来？只能从深入基层的调查研究中得来。宣传思想干部一定要树牢"一线"思维，增强开展宣传思想工作的脚力，常到基层了解宣传思想工作的效果，听取群众的呼声、意见和建议，做到问政于民、问需于民、问计于民，唯有如此，才能了解社情民意，洞悉施政得失，找到工作的着力点和突破口，更好更快地部署和推动工作。

二是要坚持"向下"，密切与人民群众的联系，盯紧问题开展工作。能不能扑下身子沉到一线，能不能虚心向基层学习、向人民群众学习是检验宣传思想工作作风的"试金石"。

坚持眼睛向下，盯着问题开展工作。宣传思想干部是党的路线方针政策在基层宣传和推广的关键环节，一定要有眼睛向下的务实态度，在工作中不要仅仅止于看材料、听报告，而应善于盯住关键问题和关键环节开展工作，要能够透过现象看本质，把基层工作的规律搞准，把一线存在的问题原因摸透。对一些复杂的情况和问题，要反复调查研究，找准问题症结，拿出科学的解决办法。1931 年 1 月 26 日，毛泽东在《兴国调查》前言中指出："实际政策的决定，一定要根据具体情况，坐在房子里面想像的东西，和看到的粗枝大叶的书面报告上写着的东西，决不是具体的情况。倘若根据'想当然'或不合实际的报告来决定政策，那是危险的。"①

坚持耳朵向下，虚心听取群众意见。"知屋漏者在宇下，知政失者在草野。"中国地大物博，国情复杂，每个地方都有不同的情况和问题，党的创新理论和路线方针政策在宣传贯彻的过程中不可避免地会遇到各种矛盾和问题，不重视这些矛盾和问题的解决，就会使党的路线方针政策的执行大打折扣，就会损害基层群众的切身利益，就会给中国特色社会主义事业带来难以估量的危害。因此，在宣传思想工作中要善于倾听群众的意见建议，及时反思政策措施实施过程中存在的漏洞和问题，耐心细致地把党

①《毛泽东文集》第一卷，人民出版社 1993 年版，第 254 页。

的路线方针政策宣传好、解释好,把落实过程中存在的问题和矛盾及时化解好。

坚持脚步向下,想方设法深入群众。人民群众是历史的创造者,是落实党的各项工作的依靠力量,是中国特色社会主义事业的智慧源泉。党的各项重大决策无不是从群众中来、到群众中去。宣传思想干部要切实端正对基层、对人民群众的态度,要有脚步向下,甘当小学生的态度和魄力。要能够带着问题、带着感情、带着责任,迈开步子、扑下身子、深入一线、深入群众,想方设法找到问题症结,摸到真实情况,把存在的矛盾和问题搞准搞透,把解决问题的对策措施搞细搞实。既要确保党的理论和路线方针政策深入民心,又要充分发挥群众在宣传思想工作中的主体作用,不断增强宣传思想工作的针对性和实效性。

坚持重心向下,切实维护群众利益。人民群众信任不信任、维护不维护、满意不满意是衡量各项工作得失成败的重要标准。宣传思想工作是武装群众的工作,不关心群众疾苦,不维护群众利益,宣传思想工作就会失去依靠力量,就会丧失工作威信。因此,开展宣传思想工作时,一定要坚持重心向下,切实维护群众利益。要以更加务实的作风,切实把宣传思想工作的决策、部署与解决群众最关心、最直接、最现实的利益问题结合起来,努力取得让人民群众看得见、摸得着的实效。要在与群众同甘苦、共患难上下功夫,根据不同地方实际找准落实工作的着力点,切实解决困扰群众的困难和问题,多为群众做好事、办实事、解难事,让群众从工作中获得更多的利益和实惠。

三是要建立长效机制。"扑下身子沉到一线",坚持客观第一、实践第一、群众第一的辩证唯物主义和历史唯物主义的世界观、方法论,是广大党员干部坚持理论联系实际、密切联系群众的正确方法，是践行党的群众路线、发扬党的优良作风的具体体现，是推动宣传思想工作深入向前的必然选择，需要建立长效机制并加以坚持和完善。

要强化教育，端正宣传思想干部的工作态度。党员干部对宣传思想工作的态度归根结底是由其对人民群众的感情决定的。一些党员干部身上存在的精神萎靡，开展宣传思想工作的主动性、积极性不强，怕吃苦、怕担责等问题，究其原因，主要是他们对基层、对群众缺乏基本的感情认同，对宣传思想工作的本质存在模糊认识，难以坚持和发扬党的群众工作路线。因此，要在党员干部尤其是领导干部中经常开展对人民群众的情感教育，正确认识干部和群众的关系，不断强化党员干部的理论素养，切实端正党员干部对基层、对人民群众的情感和态度。

要健全机制，提高宣传思想干部的工作能力。扑下身子沉到一线，关键是领导干部要能够在一线发现问题、化解矛盾，作出科学决策、解决具体问题，使工作更具有实效性。因此，在宣传思想工作中，要强调领导带头、率先垂范，通过模范作用潜移默化地带动下属形成良好的工作作风；要大力推行现场办公制度，突出一事一议，提高工作的针对性和实效性；要构建矛盾排解机制，按照"抓早、抓小、抓苗头、抓基础、抓基层"的要求，把宣传思想工作中存在的矛盾和问题解决在基层和一线。

要加强监督，转变宣传思想干部的工作作风。党员干部的工作作风，直接影响宣传思想工作的效果，因此，在开展宣传思想工作中，要相应建立一套行之有效的考核监督机制，对党员干部的工作作风进行全过程监督和管理。可以通过明察暗访、实地核查等方式将党员干部一线工作的情况记录在案，坚持党委考核与群众评议相结合的方法，逐步建立起组织考核、民主评议、群众监督等全方位的考评体系，把考评结果作为考察使用干部的重要依据，切实树立正确的用人导向，把那些踏实干事、作风务实、群众公认的干部用起来，促进党员干部工作作风的转变。

三、切实走进群众的心坎

中央电视台"走基层"栏目的导语中曾经这样讲："坐在同一条板凳上，才缩短了心与心的距离；住在农家的炕头上，收获的才不只是建议。我的脚下沾有多少泥土，我的心中就沉淀多少真情。"这段话启示我们，党员干部只有切实转变对人民群众的根本态度，只有认真转变工作作风，切实走到人民群众当中，把群众当亲人，与群众面对面、心贴心地沟通交流，才能了解实情和民意，才能收获信任和支持，才能拉近与群众的距离，才能把工作做到群众的心坎上。

一是要端正对人民群众的态度。人民群众是历史的创造者，是中国特色社会主义事业的依靠力量，是实现中华民族伟大复兴的中国梦的动力源泉。宣传思想工作要走进群众的心坎，就必须要端正对人民群众的根本态度。

要尊重群众的首创精神。人民群众是建设中国特色社会主义的智慧源泉，宣传思想工作方法行不行、存在的难题怎么解，人民群众都有最直接的体会、最深刻的感悟。因此，在工作中要虚心向群众请教，不断总结人民群众创造的新方法、新经验，以群众的智慧丰富宣传思想工作的方法手段、完善宣传思想工作的对策措施；要带着感情、带着责任深入群众，关心群众生活，倾听群众呼声，体察群众疾苦，解决群众困难；要尊重群众，依靠群众，保障群众的知情权、参与权、表达权、监督权，从群众的建议、意见中完善工作措施，推动宣传思想工作健康发展。

要发挥群众的主体作用。人民群众是落实党的路线方针政策的依靠力量，是中国特色社会主义事业的主力军，同时也是宣传思想工作的依靠力量和生力军。能不能坚持党的群众路线，充分调动广大群众参与党的宣传思想工作的积极性和创造性，事关宣传思想工作成效。因此，宣传思想干部要积极发扬群众路线这个我们党的根本工作路线，努力改进工作作风和工作方法，一切代表人民群众，一切为了人民群众，把党的宣传思想工作做深、做细，做进人民群众的心坎，时刻保持党与群众的血肉联系，发挥好人民群众在宣传思想工作中的主体作用。

要赢得群众的信任支持。有些领导干部怀着高于群众的优越感，喜欢摆架子、讲排场，工作在办公室开展，调研在车子里进行，决策在想象中产生，措施在会议上落实，问题在口头上解决，无形中疏远了干群关系，难以得到群众的认可，必将给工作带来损害。只有切实端正对人民群众的根本态度，真真实实走进群众当中，与人民群众心贴心进行交流、背靠背面对困难，才能得到群众的认可，收获人民群众的真情回馈，才能赢得人民群众的信任、支持和拥护，才能建立起水乳交融的党群、干群关系，汇聚起干事创业的强大力量。

二是要维护人民群众的根本利益。真心实意维护人民群众的根本利益，是我们党开展各项工作的出发点和落脚点，是使各项工作走进群众心坎的关键前提。

帮助群众排忧解难。宣传思想干部要时常把人民群众满不满意、高不高兴作为衡量自身工作好坏的标准，善于站在群众的立场，想群众之所想、忧群众之所忧，带着感情、带着责任深入基层开展工作，站在人民群众的立场观察和思考问题，用真心和真情实实在在地帮助群众解决日常工作生活中所面临的问题，一项工作一项工作地研究，一个问题一个问题地解决，用勤恳负责的态度和扎扎实实的成效，赢得群众的拥护与爱戴。

持之以恒深入群众。"群众的眼睛是雪亮的"，宣传思想干部的作风实不实、工作标准高不高、为民服务的意识牢不牢，群众看在眼里、记在心里，虽然不说，但在心里都有一杆秤。能不能真正得到群众的认可，关键就要看宣传思想干部是否能够持之以恒深入基层、深入群众，真正做到接地气、摸实情、办实事、解民忧。只有实实在在地多办几件群众期盼的实事，让群众切切实实地得到实惠，才能把工作真正做到群众的心坎上。

扎扎实实转变职能。把宣传思想工作的办公场所从室内转到室外，从后方转到一线，使广大干部能够深入一线抓落实、扑下身子搞服务，既可以彻底改变工作中存在的"浮在上""沉不下"的不良作风，密切党群干群关系，又能够成为促进社会和谐的有力助推器。宣传思想干部只有走进群众当中，切实与群众零距离接触，第一时间畅通社情民意，及时处理与人民群众生产生活密切相关的社会矛盾，积极激活群众性组织，才能赢得群众的欢迎和爱戴，才能汇聚起坚持和发展中国特色社会主义的强大力量。

三是要增进与人民群众的感情。感情是工作的润滑剂，是密切相互关系、增进相互理解、提高工作效率的关键因素之一，只有增进与人民群众的感情，才能切实走进群众的心坎。

只有在同群众的朝夕相处中才能建立感情。贴近群众鱼得水，脱离群众树断根。良好的干群关系是干好工作的前提和基础，但这种良好关系并不是一朝一夕形成的，而是靠宣传思想干部在同群众朝夕相处的过程中，用脚丈量民情、用心化解民忧逐步建立起来的。如果宣传思想干部没有眼睛向下、甘当小学生的态度，就难以扎扎实实扑在基层，也不可能同群众建立起深厚的感情。

只有在为群众排忧解难的过程中才能增进感情。行动重于语言，解决重于解释。面对群众的困难，就是要在行动力上见真章。说一万句好话，不如办一件实事。走进群众心坎里就是要与群众有走亲戚的感情，不讲排场、不走过场，认真细致了解群众的工作、生活现状，掌握群众的困难诉求和想法建议，真正了解群众所想、所盼、所急、所难，实打实帮助群众办急事、了愁事、解难事，在不知不觉中增进与群众的感情。

只有在心理上把群众当亲人才能够升华感情。宣传思想干部不仅应把"身"沉下基层，更应把"心"沉到群众当中去，满腔热情地与基层群众身贴近、心相连，情相融、共甘苦，以实际行动为民解忧。要在心里把群众当亲人，把群众的冷暖时刻挂在心上，思想上尊重群众、感情上贴近群众、行动上关爱群众，真正同群众在相互理解、相互支持、共同奋斗中升华感情。

第四讲

增眼力：善于观察

善于辨别

"高亭新筑冠鳌峰，眼力超然信不同。"在"四力"当中，"眼力"是指面对纷繁复杂的情况对问题的发现力、洞察力、识别力，是在"脚力"基础上的进一步扩展延伸。脚力可能有穷时，但眼力可"视通万里"。如果说"脚力"是让我们把工作沉下去，那么"眼力"就是要我们把善于发现问题、明辨是非、捕捉亮点、抓住根本的能力，以及对意识形态领域的各种言论、观点、思潮、思想、情况等进行准确、快速的辨识和鉴别的能力"升上来"，让我们既能从全局高度观大势，又能着眼细微处察民情。

一、始终关注八方

拓展眼力，首先要从眼界上入手。"眼界宽平无限景，个中好处不容参。"眼界是观察世界的视角与方法，眼界宽广，不仅能看到现在事物的表象及隐藏在背后的规律，而且可以看到过去及未来事物的发展规律。庄子在《秋水篇》中极力强调眼界的重要性："井蛙不可以语于海者，拘于虚也；夏虫不可以语于冰者，笃于时也；曲士不可以语于道者，束于教也。"坐井观天的青蛙、从未见过冰雪的夏虫、孤陋寡闻的人，因为各种原因造成眼界的局限，其结果就是会形成"隧道视野效应"，即身处隧道，看到的就只是前后非常狭窄的空间，就算是不断前进，前方仍旧非常受限。正如《天堂电影院》里的一句台词所说："如果你不出去走走，你就会以为这就是世界。"

眼界宽，有利于了解形势、认清趋势；眼界宽，有利于解放思想、更新观念；眼界宽，有利于取长补短、拓展思路。宣传思想干部如果闭目塞听，茫然无知，怎么能有效应对复杂变化的新形势？如果盲人摸象，不明实情，怎能主动作为？因此，宣传思想干部要见识广、眼界阔，就要关注八方，拓宽眼界和视野，树立世界眼光、战略眼光、历史眼光，提高从全局、宏观、长远上认识和把握问题的能力。

一是要放眼全球，具备世界眼光。"所谓世界眼光是指主体着眼于未来发展需要，在思考、分析和解决问题时站在全球化、现代化的高度用人类历史发展的眼光和世界的标准来审视国内外形势，寻求自身位置，借鉴、吸收世界各国人民创造的文明成果服务于'我'。"① 在当今这个快速变化、高度开放的时代，世界范围内都发生了广泛、巨大、深刻的变革，各种新事物、新情况、新问题层出不穷，各国、各地区的相互联系和影响日益加深，各种政治力量围绕国际秩序、综合国力、地缘政治、国际市场、科学技术等方面的竞争更趋激烈。在这种情况下，就要求宣传思想干部和其他党员干部既要有中国视角，更要有"视通万里"的世界眼光。

近代中国，西方列强用鸦片和坚船利炮打开了中国大门，魏源、梁启超、严复、孙中山等毛泽东所称的"先进的中国人"，用"世界眼光"搜寻中国的出路。中国共产党人作为伟大事业的后继者，最终取得了革命、建设和改革的伟大成就，与其具有宽广、博大的世界眼光密不可分。"中国共产党历来强调树立世界眼光，积极学习借鉴世界各国人民创造的文明成果，并结合中国实际加以运用。"② 毛泽东在《论十大关系》中提出"一切民族、一切国家的长处都要学"③，展现了党的第一代中央领导集体在特殊历史背景下放眼世界的眼光。邓小平则提出"中国的发展离不开世界"④，果断进行改革开放，探索出一条有中国特色的社会主义道路。改革开放以来，中国特色社会主义的发展既扎根于中国

---

① 李建：《树立世界眼光　深化改革开放》，《中国纪检监察报》2018 年 7 月 10 日。

② 习近平：《携手建设更加美好的世界——在中国共产党与世界政党高层对话会上的主旨讲话》，人民出版社 2017 年版，第 10 页。

③ 中华人民共和国外交部、中共中央文献研究室编：《毛泽东外交文选》，中央文献出版社、世界知识出版社 1994 年版，第 236 页。

④ 中共中央党史研究室《邓小平论中共党史》编辑组编：《邓小平论中共党史》，中共党史出版社 1997 年版，第 153 页。

国情，又不断强调"具有世界眼光"的重要性。党的十八大以来，以习近平同志为核心的党中央使中华民族迎来了从站起来、富起来到强起来的伟大飞跃。习近平总书记进一步要求我们"树立世界眼光，更好把国内发展与对外开放统一起来，把中国发展与世界发展联系起来，把中国人民利益同各国人民共同利益结合起来，不断扩大同各国的互利合作，以更加积极的姿态参与国际事务，共同应对全球性挑战，努力为全球发展作出贡献"①。

在新时代，宣传思想干部更需要在认真学习习近平新时代中国特色社会主义思想的基础上，培养敏锐深刻的"世界眼光"，始终走在前列，带领人民前进，提高对中国和世界重大现实问题的判断力、批判力和建构力。要站在当代世界发展的制高点上，了解世界各国的经济、政治、文化、社会和生态文明发展的最新状况，树立走出去和引进来的开放理念，培养宽广、博大的世界眼光去看待全球的发展与治理，积极推进和发展中国特色社会主义。要把中国与世界联系起来认识问题，自觉地观察、了解和把握世界及其对我国可能产生的影响，加强交流，在新知识、新科技、新管理方法和新人文理念方面共同提高，达到开阔视野、交流感情、拓展市场的目的，把我国对外开放事业不断推向前进。

二是要面向全局，树立战略眼光。战略眼光，是一种着眼于全局和长远来观察、思考和处理问题的科学眼光，是研究全局性、长远性和根本性问题的思维方式，是分析和解决宏观性、前瞻性、政策性等重大问题的立场、观点和方法。宣传思想干部无论职务高低，都是党和国家事业的主体与责任人；每一个人所从

---

① 《习近平谈治国理政》第一卷，外文出版社 2018 年版，第 248—249 页。

事的工作，都是党和国家事业大局的有机组成部分。因此不论是党的宣传思想干部还是其他干部，都必须面向全局，树立战略眼光。

清末陈澹然曾说过："自古不谋万世者，不足谋一时；不谋全局者，不足谋一域。"习近平总书记在《关于〈中共中央关于全面深化改革若干重大问题的决定〉的说明》中，也有对这句话的引用。他还要求党员干部"用战略思维去观察当今时代，洞悉当代中国"①，"不断提高领导工作的原则性、系统性、预见性和创造性"②。

当前意识形态领域面临着前所未有的矛盾风险挑战，诸如马克思主义在意识形态领域"失语""失声""失真"的问题，中国立场、中国智慧、中国价值的理念、主张、方案在世界语境中"肌无力"的问题，文艺作品中的"去思想化""去价值化""去历史化""去中国化""去主流化"的问题，特别是"因网而生、因网而增"的网络舆论斗争新战场成为了意识形态领域许多新问题产生发酵传播的新领域，移动互联网技术裂变式发展推动意识形态领域加速发生"移动化革命"，等等。这些都要求党员干部特别是宣传思想干部必须有战略眼光，能够从战略高度认识把握当前意识形态领域的突出问题。

宣传思想干部不论职位高低、不论责任大小，都应当是大大小小的战略家，要用长远的眼光分析和解决问题，提高看问题的高度和深度，决不能成为一个单纯的事务主义者。要勇于改革创新，提高总揽和驾驭复杂局面的本领，既有科学的视角，又有战略的眼光。邓小平曾说过："要提倡顾全大局。有些事从局部看可

---

① 习近平:《之江新语》，浙江人民出版社 2007 年版，第 20 页。
② 同上。

行，从大局看不可行；有些事从局部看不可行，从大局看可行。
归根到底要顾全大局。"①

三是要具备历史眼光。宣传思想干部关注八方、拓宽眼界，
不仅要有战略眼光、视通万里，还要有历史眼光，思接千载。所
谓历史眼光，就是将事物放到历史中去考察，用发展的眼光来看
待一切，要有在历史发展框架内认识事物、分析矛盾、解决问题
的能力和水平。有没有历史眼光，决定了一个宣传思想干部的思
想水平。

重视吸取历史经验是我们党的优良传统，因为历史书写着前
人的成功经验与失败教训，从中可以看成败、鉴得失、知兴替。
毛泽东一生酷爱读史、论史，强调"割断历史是不行的"②；邓小
平说"总结历史是为了开辟未来"③；习近平总书记则指出"历史
是最好的教科书"④，并在国际国内多个场合就"重视历史、研究
历史、借鉴历史、把握历史"等作过一系列重要论述，强调："今
天，我们进行伟大斗争、建设伟大工程、推进伟大事业、实现伟
大梦想，更需要重视、研究、借鉴历史。这对我们丰富头脑、开
阔眼界、提高修养、增强本领具有重要意义。"⑤

从宣传思想工作本身来说，它与历史又有着密切的关系。近
代谭嗣同在对西方办报研究的基础上，提出"今日之报章，即异

---

① 中共中央办公厅秘书局资料室：《邓小平论党的建设》，人民出版社
1990 年版，第 12 页。
②《毛泽东军事文集》第六卷，军事科学出版社、中文文献出版社 1993
年版，第 361 页。
③《邓小平文选》第三卷，人民出版社 1993 年版，第 271 页。
④《习近平谈治国理政》第一卷，外文出版社 2018 年版，第 405 页。
⑤ 习近平：《努力造就一支忠诚干净担当的高素质干部队伍》，《求是》
2019 年第 2 期。

日之史料"的观点,李大钊也主张"报是现在的史,史是过去的报"。宣传思想工作与历史研究一样,都要求我们要全面了解事情的各个方面,而任何事物都具有多个面向,只有充分了解各个方面,才能写出真实可信的文章。所以,宣传思想干部也要多学历史知识,培养自身的历史眼光,开阔思路,加深文章深度。

在学习历史知识的基础上,我们还要善于通过历史折射现实,看到未来。从历史的角度看待问题、分析问题,把历史、现实、未来贯通起来,才是真正树立历史眼光。比如,我们看国际政治格局时,说的是"当下",但逻辑起点必须是"过去",特别是现代史上国际政治格局的变化,从雅尔塔协定到战后美苏争霸,从东欧剧变到"冷战"结束后的美俄关系,只有清晰地认知与分析当今国际政治格局,才能基本把握未来的走向。今天的中国是昨天中国的继续,今天的世界是昨天世界的发展,"现在",并不是一个孤立的时间点,而是一个不断由"过去"走向"现在"的过程,不懂得昨天,就难以弄懂今天。

所有的现实问题都不是凭空产生的,而是一定时代背景和具体环境的产物,而且其表现形式和侧重点也会有不同,但都蕴含着事物的发展规律。因此,树立历史眼光还要把事物放在发展的历史进程中来分析,用"大历史"的思维判断事物的发展方向,评判事物性质。习近平总书记强调,只有回看走过的路、比较别人的路、远眺前行的路,弄清楚我们从哪儿来、往哪儿去,很多问题才能看得深、把得准。①

2019 年是五四运动 100 周年、中华人民共和国成立 70 周年,

_____

① 《习近平在学习贯彻党的十九大精神研讨班开班式上发表重要讲话强调 以时不我待只争朝夕的精神投入工作 开创新时代中国特色社会主义事业新局面》,《人民日报》2018 年 1 月 6 日。

在这个特殊的历史时刻，宣传思想工作要加大正面宣传力度，重温伟大历史，增加心中正能量，引导人民树立和坚持正确的历史观、民族观、国家观、文化观，增强做中国人的骨气和底气，努力奋斗，开拓进取。

二、注重洞察秋毫

洞察秋毫讲的是洞察力，是发现问题和判断事物本质的能力。汉代刘安在《淮南子·说林训》里说："太山之高，背而弗见；秋毫之末，视之可察。"意思是高山那么雄伟高峻，但背朝着它就什么也看不见；秋天鸟兽新长的细毛那么微小，若仔细观察也能看得清楚。2016年2月，习近平总书记在党的新闻舆论工作座谈会上的讲话中引用了这句话，就是要求广大宣传思想干部要努力提高自己的观察力、发现力。

宣传思想工作要避免"新闻近视"，偏听偏信，不掌握具体情况，就随声附和；也要避免一叶障目、以偏概全，仅凭一知半解，就断章取义、妄下定论。要多运用"望远镜""显微镜"等来观察发现，培养善于观察、善于发现、善于分析、善于辨别的能力；既能见"太山之高"，也可察"秋毫之末"，不断发现真善美、发现主旋律、发现正能量，发人民之心声，传播好党的主张。

南振中曾就如何积极开发新闻记者的"发现力"提出：一是善于发现或者找到世界上迄今还没有通过大众传播媒介广泛传播的、鲜为人知的新鲜事实；二是善于发现或者澄清社会上众说纷纭、莫衷一是的重大事件的事实真相；三是善于发现或者提炼出有助于解决当前各种困难和社会矛盾的新鲜经验；四是善于发现和捕捉能给人以启迪的新思想，深刻地揭示改革开放大潮中人们观念上的新变化；五是善于发现和表现最能体现时代精神、对人们有较大激励和鼓舞作用的典型人物；六是善于发现能够体现事物发展规律的新的苗头、新的动向，准确地预测和描绘事物发展趋势。①中国文物鉴赏行业有个词叫"掌眼"，说的是凭着个人长期练就的眼力来分辨文物的真假。要掌握这门"眼学"，就要综合掌握考古学、社会学、历史学、文化学和心理学等多门学科的知识，提升个人艺术修养，练就一双"慧眼"。眼睛是天生的，敏锐的眼光却是后天培养的，同样，宣传思想干部洞察秋毫的发现力需要坚定的理想信念、高度的社会责任感和扎实的个人素质等来支撑。

坚定的理想信念是实现洞察秋毫的基础。孟子曰："观水有术，必观其澜。"新形势下宣传思想工作的有利条件和严峻挑战，要求我们要坚定理想信念，具有高度的政治敏感意识。新闻界常说的新闻发现力就是新闻工作者对社会现象的观察能力、对事物发展变化的反应能力、对新闻线索的识别能力，以及对新闻事实的分析能力，其核心就是政治敏感。我们要深刻学习贯彻习近平新时代中国特色社会主义思想，用这一新思想武装头脑，保持危机感，练就一双"火眼金睛"；要关注国情、民情，心中有杆秤，有个标尺，要把党的路线方针政策理解透彻，增强政治敏感力，善于观察，善于分析，善于辨别，善于看到影响党和国家发展的不良因素和潜在危险，旗帜鲜明坚持真理，立场坚定批驳谬误；要眼光敏锐、独到，善于发现身边美好的人和事物，发现基层经

① 南振中：《影响新闻发现力诸要素的分析》上，《新闻战线》2004年第7期。

验，发现身边典型，发现正能量，讲好中国故事，传播好中国声音；要善于分析自己所了解的人和事，选择合适的角度去宣传，从而以小见大，从不起眼的事实中看到重大的社会价值，引领时代潮流，使其成为具有影响力的好新闻。

高度的社会责任感是实现洞察秋毫的动力。宣传思想工作引领着社会的走向，对社会舆论、价值观等有导向作用，因此，与其他相关工作比较，宣传思想干部更需要有强烈的社会责任感、勇于担当的职业精神，如此才能真正地践行宣传思想工作使命，为广大群众服务。范敬宜曾经在一次讲课中将新闻工作者的社会责任归纳为"维护国家和社会的稳定"，而维护稳定的社会责任主要体现在把握好舆论导向上，表现为三条："一是要导之有责，二是要导之有方，三是要导之有术。""导之有责，就是在思想上应当将把握正确舆论导向作为第一责任，也就是说，在各种责任中，没有比这个责任更重要的了。"导之有方的"导"是"引导，不是机械地照搬，也不是刻板地说教。要遵循正确的方针、方法，用正确的舆论引导人。但光是道理正确，并不能自然而然地起到引导人的作用。还必须方法对头，才能真正使正确的舆论入耳、入脑、入心，使广大群众欣然接受，产生应有的积极效果"。导之有术"这个'术'，指的是宣传艺术。有了方法，还需要讲究艺术"。① 现在的自媒体平台良莠不齐，大量自媒体为了求流量、博眼球求新求怪做标题党，完全不遵守新闻工作者的职业操守，将新闻行业的行业准则，以及新闻记者的道德良知弃如敝屣，让新闻低俗化，这类问题必须予以纠治，否则就会如孟子曾说的"不仁而在高位，是播其恶于众也"。宣传思想干部唯有不

---

① 范敬宜：《范敬宜谈新闻工作者的社会责任》，人民网，2004 年 7 月 29 日。

断增强自身的社会责任意识，才能有好的作品见之于世，工作才能扎实有效。

扎实的个人素质是实现洞察秋毫的保证。宣传思想干部的劳动成果，就是通过 "脚力" 来采访和调查研究，深入到广大人民群众中去，用 "眼力" 发现问题，运用 "脑力" 总结经验，通过 "笔力" 形成一篇篇稿件，为领导机关做好决策参谋工作，向干部群众广泛传播有教育意义、指导意义的新事物、新人物、新经验。在这种情况下，宣传思想工作作为一项充满挑战、永远与时俱进的工作，要求每一个宣传思想工作人员具备扎实的个人素质。一是政治品质过硬，有大局观和方向意识，能用正确的价值观、方法论体察、感悟社会万象，及时、深入地发现问题，分析事件背后所蕴含的深意，从而准确地反映事实，正确地引导舆论；二是有执着的探索意识，"处处留心皆学问" "时时留意皆新闻"；三是有广博的知识面，除了对本专业知识的学习，还要了解各学科的知识，提升自身的文化素养，这样才能激发创作灵感。

生活不缺少美，只是缺少发现美的眼睛。增强眼力，就要眼光敏锐，既见人之所见，亦见人之所未见。练就一双 "慧眼" 和 "毒眼"，才能捕捉到 "沾泥土" "带露珠" "冒热气" 的事件，才能在平凡琐碎的日子里发现生活之美，才能穿透重重迷雾找到正确的道路，将宣传思想工作做到群众的心坎上。

三、善于见微知著

老子曰："天下难事，必作于易；天下大事，必作于细。"中国人自古擅长于小中见大，见微知著。"微"是指细节，"著"是指大局。就是说，天下的大事都是从细小的地方一步步形成的，因此反向推理，从事情的苗头，就能知道它的实质和发展趋势。只看到一些细节，就可通过分析预料到事情的发生。见微知著，就是要在"微"中发现问题和矛盾，要在"小"中增长知识和才干。

20世纪60年代中期的一天，周恩来发现负责保管他们家现金和存款的工作人员杨金铭某天买的盐每斤涨了一分钱，他马上打电话向北京市有关部门询问，因为在那个统购统销的年代盐突然涨价不正常。后来，得知是北京市卫生局为了预防市民患大脖子病而给食用盐加碘，因而增加了成本，他才放下心来。周恩来由一分钱的盐价涨幅而知民生、知社会变动，从中我们不难看出见微知著的作用。

在革命早期，毛泽东、朱德、周恩来等老一辈革命家在艰难困苦中坚持下来，最终带领中国人民翻身做主人，靠的是把马克思列宁主义基本原理同中国革命的具体实践相结合，用马克思主义的"望远镜"和"显微镜"观察中国，"在黑暗中发现微光"，找寻到了农村包围城市这条革命道路；邓小平"善于抓住关键、纲举目张"，"站在时代前沿观察思考问题，把党和人民事业放到历史长河和全球视野中来谋划，以小见大、见微知著，在解决突出问题中实现战略突破，在把握战略全局中推进各项工作"[①]，在 1975 年整顿期间，他从铁路系统的问题已经预见到中国当时经济的大问题，最后从铁路系统入手进行整顿，开始恢复国民经济，最终带领中国人民进行改革开放，探索出中国特色社会主义道路；习近平总书记既重大事，也重细节，在 2014 年的文艺工作座谈会上，他跟代表们提到"现在一些谍战剧不尊重历史，给观众造成了一些不良影响"这样一个细节，在 2018 年的全国宣传思想工作会议上，"兴文化"被确定为新形势下宣传思想工作的使命任务之一，要求宣传思想工作者尤其是文学艺术工作者，投身于火热的生活，以充沛的激情、生动的笔触、优美的旋律、感人的形象创作生产出人民喜闻乐见的优秀作品，让人民精神文化生活不断迈上新台阶。[②]见微知著是我们中国共产党人的优秀品质，也是宣传思想工作干部必须具备的能力。宣传思想干部在实际工作中要善于从细微之处出发，善于发现问题、解决问题，不断弥补自己的不足，真正把自己放在群众的位置上，切实了解民心所向、体察民间疾苦，切实解决关乎人民群众切身利益的实际问题。

哲学社会科学工作者要"举旗帜"，就要善于见微知著。要善于走群众路线，密切联系群众，倾听民声、民怨，真实地反映民意，到那些基层建设容易出现问题的地方去调查、了解和发现。比如，要了解棚户区改造情况，就去动迁户家里看看；要了

① 《习近平谈治国理政》第二卷，外文出版社 2017 年版，第 10 页。
② 唐绪军：《努力担当起新时代宣传思想工作新使命》，《经济日报》2018年 10 月 11 日。

解人民的生活水平，就去低保户家里走走，这样才能真正掌握和了解涉及群众切身利益的热点、焦点和难点问题，自觉把群众的利益实现好、维护好、发展好。

各级领导干部要"聚民心"，就要善于见微知著。在调查研究、考察学习、检查工作中用一双"慧眼"，通过"点"上的情况，摸准片上和面上的问题，从而准确、细致、全面地掌握和了解实情。要善于静下心、稳住神、沉住气研究民生问题，解决民生矛盾。要动真情、下真功、用真心，发现、了解、掌握群众最关心的问题，特别是对群众反映的矛盾和困难，要深入调查研究，积极稳妥地帮助解决。

教育工作者要"育新人"，就要善于见微知著。在青少年培养工作中发现坏的苗头时，要进行积极处理，防止"破窗效应"，引导青少年扣好人生"第一粒扣子"。自身在学中干，在干中学，在实践中不断把自己的感性认识上升为理性认识，并使之条理化、系统化和科学化，提升育人能力。

文艺工作者要"兴文化"，就要善于见微知著。从生活细节和"小确幸"中发掘时代的"大幸福"，立足于坚实的现实基础和深厚的价值底蕴，创造真正引发公众共鸣、浸润人心的文艺作品。近年来拍摄的很多纪录片，往往都是从小处着手来进行文化的传承和意义的建构，如《我在故宫修文物》，通过一个个令人惊叹的细节展现文物修复工作者们对中华优秀传统文化的守护传承，还有《舌尖上的中国》系列、《中国一分钟》《人间世》等，莫不如此。"树立起正确的历史观、民族观、国家观、文化观，才能创造伟大的文艺作品；刻意解构经典、制造低级趣味，甚至虚无历史、泛娱乐化、泛物质化，只会侵蚀人们的精神家园，最终被市场和受众

抛弃。" ①

媒体行业工作者要 "展形象", 就要善于见微知著。许多大的新闻题材就是源自最基层的一个个鲜活的事例, 因此, 对新闻工作者来说, 善于见微知著是发现更多好素材、好新闻的必要环节, 也是写出好文章、提炼好内容的重要前提。提高见微知著的能力, 要具备从偶然的、表面的、零碎的、稍纵即逝的现象中明察秋毫的能力, 要具备从蛛丝马迹中及时准确判明情况的本领, 善于发现生活中新的东西, 反映有创造性和突破性的事物, 实事求是地反映群众的呼声和要求。

除此之外, 新闻工作者还应及时识别各种假新闻、"注水新闻"。当前, 移动互联网迅速发展, "人人都有一把麦克风" 使网络新闻制造者队伍鱼龙混杂、良莠不齐, 一些片面的、错误的社会论调和政治观点披上各种伪装在互联网世界兴风作浪: 或是以历史故事、政治笑话、娱乐段子的面目出现来进行价值灌输; 或是以历史纪实、档案发掘、社会反思的名义进行扭曲抹黑; 或是经由微信、微博等平台反复登载、彼此印证、持续 "刷屏" 洗脑; 或是让某些网络名人、意见领袖倾力代言, 网罗支持者和追随者。互联网舆论场乱象频出, 需要新闻工作者针对有争议的话题和焦点事件, 精心推敲, 认真甄别, 廓清迷雾, 及时引领, 成为 "坚定的少数派"、值得信赖的意见领袖, 提升公众抵抗谣言、独立思考的能力, 给公众带来健康而有价值的信息营养。

"绿叶忽低知鸟立, 青萍微动觉鱼行。" 宣传思想干部要善于留心观察细微变化, 细心了解各种情况, 于细微处见真功,

---

① 《兴文化, 满足美好生活新期待》, 《人民日报》 2018 年 9 月 7 日。

于细微处见精神，以高度的责任感和使命感解决面临的各种问题，这是宣传思想干部应具备的素质，也是谋事创业的本领。眼中有党、眼中有民，心中才能亮堂，才能既见到树木，又见到森林，既见到已知，又见到未知，才能看清、看懂、看透真情实况。

第五讲

增脑力：提高思考和

抓问题能力

　　思想是宣传思想工作的灵魂，脑力是宣传思想干部的核心竞争力。脑力就是思考力、创造力。实践证明，凡是影响深远、为人称道的理论文章、新闻评论、优秀著作和文艺作品，都有强大的思想力和感染力。在一些问题上，有的党员干部浮躁肤浅，孤陋寡闻，就是因为没有练强脑力。所以，宣传思想干部必须增强脑力，不断提高能力和素质，使自己在思想上强大起来，丰富起来，要争当善于思考、勇于求索的思想者，提升独立思考能力，始终保持思想的影响力和敏锐度，用深邃的思想吸引人、感染人、影响人。

一、勤于思考，注重归纳总结

延安时期，毛泽东为《新中华报》题词，只有两个字：多想。报社将题词制成匾额，挂在编辑部窑洞最显眼的位置。毛泽东为什么要求新闻工作者"多想"而不是其他？这是因为很多事情不多想就想不清楚，不多想就想不透彻，不多想就想不全面。很多年过去了，对党员干部来说，这一要求仍然具有很强的现实针对性。

勤于思考是打开智慧的钥匙，善于总结是事业成功的桥梁。善于思考和总结是党员干部做好一切工作的必备能力。党员干部，无论从事什么样的工作、面对什么样的问题都离不开思考和总结。一项工作在进行前，需要考虑方法步骤，拿出可行性方案；实施中可能遇到什么问题，需要什么整改措施，需要心中有数；工作结束后，有什么经验教训需要汲取，应该注意什么问题，都离不开总结。思考和总结的范围很广，包括历史经验、现实经验、工作诸方面的经验、国际国内的经验以及集体的和个人的经验，等等。历史上许多伟人和成功人士都是善于思考与总结的典范。1965 年 7 月 26 日，毛泽东在中南海会见刚从海外归来的李宗仁及其夫人时，突然向李宗仁的机要秘书程思远发问："你知道我靠什么吃饭吗？"程思远一时茫然不知所对。毛泽东接着意味深长地说："我是靠总结经验吃饭的。以前我们人民解放军打仗，在每个战役后，总来一次总结经验，发扬优点，克服缺点，然后轻装上阵，乘胜前进，从胜利走向胜利，终于建立了中华人民共和国。"[1] 思考和总结是一对孪生兄弟，它们是互相依存的，勤于思考的人往往善于总结，善于总结的人一定勤于思考。

一是在学习中思考总结。学习是人生的永恒主题。学习是立身之本，也是提升素质、增强脑力的必由之路。党员干部要深入学习习近平新时代中国特色社会主义思想，加强理论政策和法规制度学习，博览群书、广泛涉猎，不断完善自身知识结构，为思想注入活力。要坚持学、思、践、悟，不断提高理论水平和党性修养。要在工作中随时保持学习的习惯，坚持向群众学习，向老同志学习，不断总结工作经验，不断增长阅历与能力。

要牢固树立终身学习理念，自觉地把学习作为一种思想境界、一种精神追求、一种生活方式，做到时时、处处、事事注重学习，努力提高自身的学习思考能力、归纳总结能力、实践能力和创新能力，成为做好宣传思想工作的行家里手。要不断通过学习充实知识，汲取营养，提高本领，努力提高自身的理论素养，成为推动党和国家事业发展的骨干力量。要把学习变成生活习惯、把岗位当作学习平台，实现由"阶段学习"向"终身学习"的转变，不断提升自身修养。当今知识更新的速度越来越快，要适应信息化时代要求，不断进行知识更新，注重克服学习中存在的形式化、应付式以及学用两张皮的问题，不断增强自身学习能力，做到勤学、真学。勤学，就是争做"学习型党员干部"；真学，就是认真学习，发奋学习，通过各种形式和渠道，挤时间学，抢时间学。

---

① 张珊珍:《"我是靠总结经验吃饭的" ——学习毛泽东的思想方法和工作方法》，《学习时报》2017 年 2 月 27 日。

二是在研究中思考总结。善于在研究中思考，既是一种基本能力素质，也是一种责任担当。当前，坚持和发展新时代中国特色社会主义，统筹推进"五位一体"总体布局，协调推进"四个全面"战略布局，迫切需要深入研究思考宣传思想工作中出现的新情况新问题，激活创新"因子"，找到破解问题的"钥匙"，加快推动宣传思想工作改革创新发展。

要养成研究、思考的习惯。习惯成自然，只有时时想着工作、处处盯着问题，脑子真正动起来，把自己投入进去，才能使研究、思考成为习惯和常态。要坚持居高临下看事物、跳出局部看整体、立足当前看长远，自觉把宣传思想工作放在大局下来谋划、推进和落实，做到心中有大局。要紧密联系中心工作，做到宣传思想工作主动与经济社会发展深度融合、同频共振。要眼睛向下看，不能只低头干活、不抬头看路，更不能甘当"传声筒"，切实把研究思考的过程作为深刻认识规律、灵活运用规律的过程，确保研究思考接准"天线"、接足"地气"。要主动从实际出发，调长焦距看问题，善于从广大人民群众的创造性实践中汲取智慧和力量，不断提升宣传思想工作的整体水平。

要提升研究、思考能力。宣传思想干部研究、思考能力的强弱，直接关系宣传思想工作质量的高低。为此，宣传思想干部要坚持用习近平新时代中国特色社会主义思想武装头脑，补齐理论"短板"。认认真真读原著、学原文、悟原理，打牢研究思考的政治理论功底。要学哲学、用哲学，注重培养哲学思维，学好用好辩证法，坚持"两点论"与"重点论"的统一，不断提高认识问题、分析问题、解决问题的能力。对宣传思想工作中的重点难点问题，要坚持用马克思主义的立场观点方法观察和分析，透过现象看本质，由感性认识自觉上升为理性认识，将研究、思考成果转化为符合工作实际的思路和办法。要坚持破解难题，针对宣传思想工作的"老大难""硬骨头"，充分发扬"钉钉子"精神，善于"解剖麻雀"、逐一分析，找准症结、对症下药，攻坚克难、猛药去疴，切实把问题解决彻底，推动工作落实。要及时查找、落实解决存在的问题和不足，并通过深入研究思考，不断提高狠抓落实的质量和效率。

要营造研究、思考氛围。养成研究、思考的习惯，提高研究、思考的能力，既需要内生动力，也离不开制度约束。要改进方法手段，丰富内涵内容，强化教育培训，增强党员干部研究、思考的积极性、主动性、创造性。要坚持调研制度，围绕宣传思想工作的中心任务和重点任务，充实和完善一些务实管用的调研活动，鼓励引导宣传思想干部积极深入基层、深入实际、深入群众中开展调查研究，形成边干边学、边干边思考、边干边提高的良性工作机制。要强化务实创新，积极对表对标，坚决防止、克服工作陷入平庸、安于现状，形成鼓励创新、宽容失败的导向，营造人人想创新、善创新、能创新、会创新的良好环境。

三是在实践中思考、总结。"纸上得来终觉浅，绝知此事要躬行。"实践是思想的源泉和动力，投身伟大事业是增强脑力的最佳途径。党员干部要躬身实践，自觉承担起举旗帜、聚民心、育新人、兴文化、展形象的使命任务，不断提高能力素质。

实践是认识的基础、来源以及发展动力，实践也是认识的目的，是检验真理是否正确的唯一标准。党员干部在工作和学习中，更要坚持弘扬理论联系实际的学风。理论联系实际，就是要充分认识新形势下加强学习的重要性和紧迫性，把学习作为一项重要任务，高度重视学习，更为重要的是从实践中来，到实践中去，不能浮光掠影，浅尝辄止，而要勤于思考，善于总结，刻苦钻研，不能满足于背诵条文，应着重领会其精神实质。特别是党员干部的理论学习，要同中国特色社会主义建设的实际、国际革命斗争的实际以及日常工作实际等紧密地结合起来，学会用辩证唯物主义和历史唯物主义的立场、观点、方法，分析和解决这些实际问题。

习近平总书记指出，我们党历来重视抓全党特别是领导干部的学习，这是推动党和人民事业发展的一条成功经验。[①]中国共产党人依靠学习走到今天，也必然要依靠学习走向未来。具体地说，就是要做到坚持以马克思主义为指导，确立马克思主义的坚定信念，树立和坚定共产主义的远大理想，掌握马克思主义的立场、观点、方法并以其指导实践。

"全部社会生活在本质上是实践的。"[②]党员干部要注重理论联系实际，从实践中来，到实践中去，始终保持马克思主义知行统一观，坚持理论联系实际，不断提高政治素养和实际工作本领，努力增强学习的针对性和实效性，把学习的知识运用到实际工作中。习近平新时代中国特色社会主义思想源于孜孜不倦的实践和探索，体现的是历史的眼光、缜密的思维、深刻的洞察和博大的胸襟。我们要在学懂弄通做实习近平新时代中国特色社会主义思想上狠下功夫。

理论一旦被群众掌握，就会成为改变世界的物质力量。正是因为源于实践，思考总结的成果才具有巨大的引领力、强大的感

---

① 习近平：《在中央党校建校 80 周年庆祝大会暨 2013 年春季学期开学典礼上的讲话》，《人民日报》2013 年 3 月 3 日。

②《马克思恩格斯选集》第一卷，人民出版社 1995 年版，第 56 页。

召力、持久的生命力。党员干部要牢固树立"只有同人民紧密结合，为祖国奉献青春，才能有大作为"的意识，在创造性地贯彻执行党的路线方针政策过程中深化认识，坚持用马克思主义的立场、观点和方法分析和解决工作中的新情况、新问题，善于向实践学习，善于向群众学习，用所学的理论和知识指导、推动和改进工作，不断提高自己的综合素质。

二、敏于思考，拓宽思想广度

没有思考的工作，难以有广度；没有思考的人生，是茫然的人生。很多新的、重要的发现都是因为敏于思考。比如牛顿发现万有引力。为什么一个苹果落地能让他豁然开朗？就是因为他一直在思考天体的运动规律，而苹果落地这样一个自然现象就会点燃他的思维火花。瓦特发明蒸汽机，也是因为长期敏于思考才会从热水壶产生蒸汽的现象中受到启发。如果瓦特对水开后壶盖被顶起的现象视而不见、牛顿对苹果从树上掉下砸到头上无动于衷，他们就不可能发明蒸汽机和发现万有引力定律。党员干部遇事应多动脑，多问几个为什么，多想几个怎么办，让脑子装着问题，让思维活跃起来。2018 年 12 月 28 日中央纪委国家监委网站报道，云南省水富市纪委监委宣传干部在全面从严治党的实践中不断增强"四力"，坚持勤思多想，统筹谋划，聆听、书写纪检人的故事，以宣传之力展现纪检人的忠诚、干净、担当，就是生动的例子。

敏于思考就要有问题意识。所谓"问题"，就是现实与理想之间的差距。马克思有一句经典名言，"问题就是时代的口号，是它表现自己精神状态的最实际的呼声"①。在现实生活中，问题是社会矛盾的具体反映。每一个时代都有自身的重大理论和实践问题，历史也总是在问题的不断产生与解决的循环往复中向前发展。能否发现问题、分析问题，反映了一个党员干部的精神状态和思想境界，体现了一个党员干部的工作能力和业务水平，是每一位党员干部必须下力气锤炼的方面。如何加强社会主义意识形态建设？如何提升文化阵地作用？如何创新方式手段？如何完善管理体制机制？如何加强宣传思想工作队伍建设？不能敏锐地发现、思考、解决这些问题，宣传思想工作就会丧失前进的动力，迷失前进的方向。党员干部只有把工作当事业去做好，把职位当责任来对待，时刻保持敏锐的洞察力，才能明察秋毫、见微知著，也才能遇事不慌、应对有方。要具有强烈的责任意识和忧患意识，勇于直面各种风险考验。我们党正面临着执政考验、改革开放考验、市场经济考验、外部环境考验这"四大考验"和精神懈怠危险、能力不足危险、脱离群众危险、消极腐败危险这"四种危险"，每一个考验、每一种危险都事关党的生死存亡，这种认识充分反映了党中央在推进中国特色社会主义伟大事业中强烈的忧患意识和高度的问题自觉。党员干部必须以高度负责的态度、一丝不苟的精神、严谨细致的作风，认真履行职责，及时发现宣传思想工作中的问题，敢于担当，勇于直面问题，深刻认识自己肩负的职责，对问题不遮掩、不回避、不推让，正确看待问题、正确认识问题、正确解决问题。

敏于思考就要学会主动思考。思想上的懒惰是最大的懒惰。

---

① 《马克思恩格斯全集》第四十卷，人民出版社 1982 年版，第 289—290 页。

上级怎么说就怎么做，工作中没有思路，没有特色，忙忙碌碌，没有成效，没有建树，这就是思想上的懒惰。思考是对知识的吸收、提炼、升华，是将学到的东西运用到工作中的重要一环。在学习中思考，在思考中寻求答案，学习才能事半功倍。在我们的工作中，一定会遇到很多新情况、新问题，要做到审时度势，思想敏锐，结合实际，不能照本宣科，生搬硬套，只有这样才能创造出新思路、新举措，才能满足经济社会发展的需要和人民的需求，才能变被动工作为主动创新。党员干部身处的岗位特殊，个人综合素质直接关系宣传思想工作的成效。一方面，在学习过程中要懂得取舍，不做"书呆子"。另一方面，不能把读书学习当作"硬任务"，不求甚解、囫囵吞枣，而要抓住实质、把握精髓。要善于在思考的过程中，从不同的角度看待问题、认识问题、解决问题，发现事物发展的客观规律，将理论和知识转化为处理问题的立场和方法。只有这样，才能避免陷入少知而迷、不知而盲、无知而乱的困境。同时，党员干部要积极参加党内组织生活，围绕不同的议题展开思考，通过现身说法，强化互动交流、答疑释惑，在学习讨论中，进一步提高认识，找到差距，明确努力方向。

敏于思考就要学会反思。反思是及时纠正错误、提升工作能力的重要手段。一个人犯了错误，只有及时反思，才能在最短时间内纠正并吸取教训。作为党员干部，工作上的一个小失误或者能力上的不合格，看似没有太大的影响，但是如果我们不及时反思，就会产生难以估量的危害。千里之堤溃于蚁穴。这就要求我们要勤于反思。我们必须严格要求自己，保证同一个失误、错误不会发生第二次。要把反思当作每日工作总结的一部分，持之以恒。要正确地认识自己，明确自己的能力，在反思中认清自己的站位，制定合理目标，依自己的实际情况提出更高的思想标准、道德标准、工作标准、作风标准。反思要作用于实践，如果思想上认识到了反思的重要性，反思中做到了高标准严要求，但在实际工作中不去落实，就会陷入"失误—反思—失误"的循环。因此，反思最关键的是要学会知行合一，认识到错误马上改正，制订计划马上落实，才能真正实现反思的意义。

敏于思考就要三思而后行。这不仅是一种工作要求，也是一种方法论。一些党员干部，只会言听计从、唯唯诺诺，实践中缺乏谋划和推动工作的能力。在面对具体问题时手足无措，就算开展起工作来，也不会让人放心。总结起来，出现这些问题的根源，与平时主动思考少，不喜欢思考、不敏于思考有直接相关。毋庸置疑，工作中的问题还是客观存在的，有些问题一眼就可以看出来，有些问题需要深入分析才能发现。作为一名党员干部，要用自己的耳朵倾听、用自己的眼睛观察、用自己的大脑思考，找准上级和群众最盼、最急、最忧、最怨的问题，然后实事求是地对待问题，努力找到解决问题的方法。当前，宣传思想工作任务艰巨，宣传思想干部要立足本职工作，把推进新时代中国特色社会主义事业作为基本出发点，忠诚于党的事业，脚踏实地，担当作为，用党员干部坚持不懈的努力，交出一份经得起历史和人民检验的时代答卷。

三、善于思考，提升思考深度

黄宗羲在《白沙学案上·文恭陈白沙先生献章》中说："前辈谓学贵知疑，小疑则小进，大疑则大进。疑者，觉悟之机也。一番觉悟，一番长进，更无别法也。"养成善于思考的习惯，这样才能让自己思维的敏捷性、批判性、深刻性、创造性、广阔性和灵活性不断得到锻炼与培养，也才能锻炼自己独立思考的能力，培养自己的语言表达能力，进而开阔思路，提高思维的深度，让自己成为学习的主人。唐代韩愈在《进学解》中说"行成于思"，说的就是不论做什么事，善于思考才能成功。党员干部在学习和工作中，要勤于思考、善于思考，在思考中找到解决问题的方法。习近平总书记强调："学习与思考、勤学与善思是相互联系和相辅相成的，不可把二者割裂开来。"[1] 只有把学习和思考紧密结合起来，才能学到切实有用的知识。孔子曰："学而不思则罔，思而不学则殆。"这句名言深刻道出了学习与思考的辩证关系，告诉我们学习要杜绝"学而不思"和"思而不学"这两种现象。习近平总书记指出："在学习过程中，要结合自己的工作实际，脑子里经常装几个问题，反复思考。这对于培养和提高自己的理论思维和战略思维能力很有好处。"[2] 学习的过程实际上是一个不断思考认知的过程，如果没有思考，再好的知识也难以吸收，正所谓"不深思则不能造于道，不深思而得者，其得易失"。

---

① 习近平:《在中央党校 2012 年秋季学期开学典礼上的讲话》,《学习时报》2012 年 9 月 10 日。
② 同上。

一是争当善于思考、勇于求索的思想者。宣传思想工作本质上属于脑力劳动，需要党员干部不断增强脑力。党员干部要丰富自己的阅历，培养独立思考能力，要带着问题读书，养成边读书边思考的习惯，在广泛阅读的基础上，联系实际，开动脑筋，对现实中的疑惑进行深入思考，力求把零散的东西变为系统的，把孤立的东西变为相互联系的，把粗浅的东西变为精深的，把感性的东西变为理性的。党员干部必须充分认识"善于思考"的重要性，做到边学习边思考，既要思考书本上讲的知识是否真有道理，也要思考在实际工作中如何运用它，还要思考在实践中如何发展它。要结合时代背景，结合以前学习的知识和经验，结合自身的实际工作去思考，多问几个为什么，把学习和思考紧密结合起来，把思考贯穿于学习的全过程。

宣传思想战线干部要增强脑力，增强"四个意识"，重中之重在于用习近平新时代中国特色社会主义思想武装头脑，在学懂弄通做实上下功夫，努力让这一当代中国马克思主义最新理论成果、21世纪马克思主义深入人心，落地生根、开花结果。为此，要在全面系统深入学习中增强独立思考能力，并由此及彼、由表及里、融会贯通，做到学习不止、思考不止、宣传不止。2017年，湖南人民出版社出版了湖南省委宣传部原巡视员李湘舟的《陈年往"思"》一书，洋洋58万字，把他从事宣传思想工作30多年的所思所想、所言所行、所写所著汇集在一起，让人耳目一新。他善于思考，常常以一些"四六句子""对偶排比""数字归纳""生动比喻"来概括和描述宣传思想工作，往往朗朗上口，易于记忆，体现出很高的创新水平。① 改革开放之初，邓小平曾指出："在党内和人民群众中，肯动脑筋、肯想

① 周小毛：《为宣传思想工作注入正能量》，中国共产党新闻网，2017年6月15日。

问题的人愈多，对我们的事业就愈有利。"①思考使人进步。现在不愿意动脑筋、不善于思考者仍不乏其人。这样的"思想懒汉"往往脑子空空，对上级的决策指示只会机械地照搬照转，对群众创造的丰富经验熟视无睹，抓工作、办事情拿不出自己的思路和办法。实践告诉我们，不开动脑筋，不勤于和善于思考，是干不好工作的。

二是坚定理想信念，保持思考定力。思想具有主观能动性，思想正确、理念先进，才能正确地指导行动。做一个合格的共产党员，首先要在思想上忠于党、忠于人民，牢固树立为人民服务的理想信念。"志不立，天下无可成之事。"这就要求每个共产党员都要坚定理想信念，做到理想之光不灭，信念之光不灭。同时，也要善于总结新经验、发现新问题，在实践中提高分析问题、解决问题的能力，要针对工作重点、难点问题，深入基层，深入实际，思考总结解决问题的方式方法。

目前，思想意识形态面临着十分复杂的局面，各种社会思潮泥沙俱下。要有忧患意识，深刻认识党面临的"四大考验"的长期性和复杂性。党员干部要始终以"战战兢兢，如履薄冰"的思想对待自己的工作，凡事未雨绸缪，提前把各种困难、问题、不足都考虑清楚，做好防范或应对预案。

面对复杂多元的思想冲击始终保持清醒的头脑，关键要有独立思考能力和准确辨别能力。要做到理论上明辨是非，首要就是善于思考、深刻思考。思考力是人之自主性和独立性的集中体现。我们也许掌握了一定的理论知识，但不动脑，不进行思考，人云亦云，理论知识也不会对我们的事业有益。为此，宣传思想

---

① 《邓小平文选》第二卷，人民出版社 1994 年版，第 143 页。

干部要有理性分析和理性批判精神，善于超越自身利益的羁绊和知识的局限，从公共理性的角度思考问题，进行价值判断。许多人不愿思考、不会思考，没有批判精神，除了思想懒惰之外，更重要的原因就是患得患失。"心底无私天地宽"，无私才能无畏，无畏才会深思，深思才会清醒。必须不忘初心、牢记使命。要始终牢记党员干部来自人民，手中的权力来源于人民，要永远与人民群众同呼吸、共命运、心连心。作决策、抓落实、安排工作的时候，多站在群众的角度考虑问题，想一想这样做群众是不是满意、群众是不是认可、群众是不是高兴。取他人之长，补自己之短。要多学习他人的优点和长处，加以吸收借鉴，做到正确对待他人的进步和升迁，为他们高兴，向他们祝福，并将他们作为学习榜样。工作中要互相配合，互相补台，共同进步。党员干部手中都有一定的权力，坚定理想信念，保持思考的定力，还要有廉洁意识，认真干好本职工作。面对"天上掉下的馅饼"，党员干部要时刻提醒自己"吾有正俸"，坚守廉洁为官、廉洁做人的本色。

三是主动解放思想，摸清情况。面对复杂严峻的形势，宣传思想战线党员干部要主动进行一场学习革命，来一场思想解放的头脑风暴，着力破除与宣传思想工作形势任务不相适应、不相符合的思想观念，从一切不合时宜的思维定式、固有模式、路径依赖中解放出来。谋事创业就像下棋，既要在宏观上整体布局，又要在微观上精准施策，只有这样才能步步为营、环环相扣。要注重深远经略、高起点谋划，正确处理需求与可能、当前与长远、重点与全面的关系，努力形成整体性系统性的建设发展思路和精确化的能力发展指标体系。在工作实践中，有些现实课题是我们从来没有遇到过的，必须依靠集体和群众的智慧力量加以研究破解。要认真履行党委主体责任，谋深谋透谋实宣传思想工作的重大问题，善于从群众智慧和实践经验中寻对策找答案，经常深入基层问计于基层、求教于人民群众。

同时，对分管的工作要多思考、多分析、多比较，突破思维定式，既能"低下头"抓好具体工作业务落实，又能"抬起头"跳出业务总结经验，把握规律，以更宽广的视野、更高远的眼光审视工作，多问几个为什么，怎么做，是否还有其他好的办法措施，时时在思辨中研究工作、推动工作。工作中，党员干部都有这样的体会，总是感觉到自己很平常，负责的工作很普通很平庸，没有特色，没有亮点。要改变这种情况，就要求新求变，只要法律法规、政策条文没有禁止，都要敢想、敢闯、敢试，力求在工作内容上求突破，在工作方法上求突破，在工作实效上求突破。有知识本领才能创新，有创新才能进步。目前，宣传思想工作面临着新的机遇和挑战，而干部队伍建设有待进一步加强，解决这一矛盾，需要我们在工作中有新思路、新举措和新方法，探索新路子，创造新经验。党员干部不仅要学懂书本，更要从丰富的社会实践中汲取营养，善于思考提炼经验，寻求更好的方法途径，事半功倍。改进和创新工作思路、工作方法和工作制度，做到未雨绸缪。同时要大胆探索、大胆实践，不断推动宣传思想工作在继承的基础上创新，在创新的基础上发展，在改革发展中加强。要尊重客观规律，在充分调研、掌握情况的基础上加以理性思考，从而提出符合实际、行之有效的办法和举措。

总之，当前，我国经济进入转型期、社会进入矛盾凸显期、改革进入攻坚期，在各种挑战和考验面前，更加需要宣传思想工作队伍多到现场、深刻观察，勤于思考、善于总结，不断增强脑力，真正做到"十八般武艺"样样精通。只有注重在练好脑力上下功夫，全面提高能力素质，才能更好地强信心、聚民心、暖人心、筑同心。

第六讲

增笔力：练就妙笔
书写新时代

　　较强的文字表达能力，也就是较强的"笔力"，对宣传思想干部而言，既是职责所系，也是能力所需。所谓笔力，就是掌握写作的规则，驾驭文字、传递思想、表达观点的能力。作为一名宣传思想干部，除了知道在工作中应旗帜鲜明地倡导什么、反对什么外，如何阐述和表达思想同样至关重要。宣传思想干部要努力通过增强"四力"来不断提升自己做好本职工作的本领和能力，既要做到"站起来能讲"，又要做到"走下去能干"，更要做到"坐下来能写"。增笔力，就是要不断增强以文载道、以文言志的本领和能力。

一、不虚不假要真实

习近平指出，文风不正，严重影响真抓实干、影响工作成效，耗费大量时间和精力，耽误实际矛盾和问题的研究解决。不良文风蔓延开来，损害党的威信，导致干部脱离群众，使党的理论和路线方针政策在群众中失去感召力、亲和力。① 由此可以看出文风问题关系重大。增笔力就要从改进文风抓起，改进文风就要从"实"做起，只有坚持问题导向，一切从实际出发，才能引领党风、政风向"实"不断迈进。

文风真就是要说真话。作为一名党员干部，尤其是领导干部，文风方面最首要的就是要摒弃"拿来主义"和"经验主义"，坚决杜绝把以前的材料"旧作新用"，甚至本该自己亲自动手撰写的文章安排给秘书，自己当甩手掌柜。如果只是简单地依靠听汇报、看报告、查资料来作决策、抓工作，而不是深入实际调查了解第一手情况，难免失之毫厘、谬之千里。邓小平曾深刻指出，工作是否落实，关键在于领导干部是否以身作则调查研究，从实际出发，分析问题，解决问题。② 习近平总书记也反复强调，调查研究是谋事之基、成事之道。没有调查，就没有发言权，更

---

① 《中央党校举行 2010 年春季学期第二批入学学员开学典礼　习近平出席并讲话》，《人民日报》2010 年 5 月 13 日。

② 《邓小平文选》第二卷，人民出版社 1994 年版，第 124 页。

没有决策权。① 制定政策、解决问题、落实工作，缘木求鱼不行，胡思乱想不行，凭空虚构更不行。不进行真正的调查研究，所撰写的文章不可能正确反映群众的困难与需求，也无法体现群众的呼声与愿望。要写出有思想、有温度、有品质的文章，就必须坚持党的群众路线，从群众中来、到群众中去，深入实际、深入基层、深入群众，广泛深入地听取群众的意见建议，多层次、多方位、多渠道地开展实地调查，力求全面准确地掌握情况，详尽地占有第一手资料，只有这样才能做到有的放矢、言之有物。

文风真就是要讲真事。我们党历来高度重视文风问题，毛泽东在党内第一个提出学风、文风是党的作风，因而也是党风的观点。革命年代，毛泽东就指出，革命要靠二杆子：枪杆子和笔杆子。党员干部的文章是宣传党的主张、贯彻党的决定、团结动员群众、推动改革发展的重要载体，更需要在"实"上下功夫、见成效。一是文章要贴近生活。不要那些"高大上"的空头文章，也不要"假大空"式的理论宣讲。清朝方苞提出"言必有物为宗"的观点，"言"必有"物"，就是要做到有观点、有阐释、有数据、有实例，言之有物，老百姓才乐于接受、易于接受。党的十九大以来，中央电视台《新闻联播》栏目深度挖掘新闻价值，聚焦民生选题，播出以"百姓小事即大事"为主题的视频新闻，如《车轮食堂 独居老人的幸福味道》《一窗办结 解决办证"老大难"》等，既关注了时下热点，又反映了国家的政策取向，贴近实际、贴近生活、贴近群众，受到各界好评。二是文章要贴近群众。要牢固树立群众观念，对党忠心、对人民诚

---

① 《习近平在武汉召开部分省市负责人座谈会时强调 加强对改革重大问题调查研究 提高全面深化改革决策科学性》，《人民日报》2013年7月25日。

心，多思群众所思、多想群众所想、多言群众所言，善于运用群众的语言说群众听得懂的话、写群众看得懂的文章，唱响主旋律、传递正能量。比如，关于"扶不扶"的问题，曾在网络上引起热烈讨论，其中不乏消极的声音，一度让人们在面临"见义勇为"与"多一事不如少一事"的行为选择时，陷入尴尬两难的境地。这时候，就需要党员干部及时发出正义之声，对人们的思想行为进行合理规劝和引导。应把"文以载道"贯穿始终，防止因文害意，摒弃"形式大于内容"的形式主义作风，避免看似出口成章、面面俱到，实则离题万里、不知所云。三是文章要贴近实际。贴近实际，就是始终坚持一切从实际出发，立足于实现中华民族伟大复兴的中国梦这个最大实际，紧密联系改革开放和社会主义现代化建设的实际，联系本单位本部门的工作实际，联系广大干部群众的思想实际，把回答和解决实践提出的重大课题作为中心任务。

文风真就是要真署名。当下，一些党员干部对自己所分管领域或者从事工作的思考和经验进行加工，采用署名文章的方式发表出来，这样做既有利于宣传自己和单位，更为大家搭建了交流平台，形成"百花齐放、百家争鸣"之势，方便交流探讨、共同提高，可以促进该项工作的深入开展，这种方式值得肯定和推广。因为，亲自动笔写文章好处很多：比如，为了写好一篇文章，就需要搜集大量资料，这样有利于积累知识，开阔视野；为了写好一篇文章，自然要针对问题亮明自己的观点和态度，这就促使党员干部必须养成勤于思考的好习惯；为了写好一篇文章，党员干部要紧密结合实际、长于调查研究，获取一手资料，这样才能写出符合实际的文章，提出有创造性的工作思路和方法。党员干部写文章，语言不必追求华丽，结构无须标新立异，但一定要拿起笔杆子、甘坐冷板凳，深入思考总结，自己动笔，即便是委托他人代笔的文章，也要用自己的思想和观点撑起文章的骨肉，不能为了出名而署名，要真正地为了文章而署名，让发表的署名文章真正成为自己工作学习的阶段性成果总结，真正代表自己的思想，对得住自己的署名。

二、不冒不夸要平实

1942 年，毛泽东把"反对主观主义以整顿学风，反对宗派主义以整顿党风，反对党八股以整顿文风"并列为延安整风的三大内容，号召全党抛弃党八股，倡导生动活泼、新鲜有力的文章写作和表达方式。套话连篇、八股味浓的文章，冗长枯燥又空洞无物的讲话，就像"懒婆娘的裹脚，又臭又长"，不仅群众不接受、不欢迎，甚而自己也感到无聊无趣。此类文章之所以会存在，固然与思维定式有关，与放松学习有关，与缺乏创新意识有关，但归根结底还是因为党员干部不会或不能深入了解情况。

文风要平实，需要领导带头作风实。党员领导干部要认真学习领会习近平总书记关于文风方面的重要讲话精神，切实把好的文风和作风带到工作学习实践中去，以平实的文风影响和带动本地区本部门本单位党员干部讲真话、说实话，努力作良好文风的表率。领导干部解决文风问题，需要在以下两个方面下功夫：一要认真学习理论。要深入学习马克思列宁主义、毛泽东思想、邓小平理论、"三个代表"重要思想、科学发展观、习近平新时代中国特色社会主义思想，掌握蕴含其中的立场、观点、方法，以此作为政治上的"望远镜""显微镜"。只有运用先进的理论作指导，才会有举一反三、融会贯通的基础；只有运用先进的理论作指导，才能进一步增强分析和解决问题的能力。二要增强党性修养。从文风的本质看，它反映的是党员干部对党所领导的事业的态度，体现了党员干部的党性修养。党员干部应该自觉加强党性修养，切实做到言行一致、表里如一。否则，人前一套、背后一套，当"两面人"，那么即使文章写得文采斐然、台上讲得天花乱坠，也不可能激起共鸣。毛泽东讲话写文章，不拘一格，有力度有温度，他为新华社撰写的新闻稿件《中共"七七"宣言在重庆被扣》《我三十万大军胜利南渡长江》等，高屋建瓴、精辟透彻，给我们树立了典范。邓小平讲话写文章，平白朴实，直截了当，简洁明了。他曾指出，端正党风，要从端正学风做起；端正学风，要从文风做起。"应该学会用自己的话来写文章"①。

　　文风要平实，需要服务群众目的实。文风反映党风、彰显作风，全心全意为人民服务是我们党的宗旨，因此，服务群众、关注百姓、及时回应人民诉求是党员干部做事情、写文章的出发点和落脚点。文风要平实，就是要学会用老百姓的语言，善于归纳总结来自群众日常生活中的大白话大实话，由浅入深地讲道理、道实情，拉近与群众的距离，让群众感觉到可亲可近。要杜绝装腔作势、故作高明、咬文嚼字的套话官话，如果群众听不懂、不爱听，自然就会打瞌睡、不买账，行文讲话进不到群众心里面，群众必然与党的干部产生距离感，"话不投机"时间长了就难免"离心离德"。毛泽东就非常重视语言的群众化，不管是讲话还是写文章，都要求让群众听得清、看得懂、读得容易。他说："射箭要看靶子，弹琴要看听众，写文章做演说倒可以不看读者不看

---

　　①《邓小平文选》第二卷，人民出版社1994年版，第118页。

听众吗？" ① 他的文章里口语、俗语以及众所皆知的故事很多。比如，他在《将革命进行到底》中引用古希腊农夫和蛇的寓言故事，在《一个极其重要的政策》中引用了《西游记》孙行者变成小虫子钻进铁扇公主的肚子把她打败的故事。用故事说明革命道理，就容易让群众理解、记忆，并给他们留下深刻印象。

文风要平实，需要不讲空话内容实。文章中的"物"，就是它所表达的思想内容，就是有东西可写，有话要说，而生造一些只有自己知道意思的新词或新的术语，不等于有思想。有些党员干部的文章，以卖弄时髦的话语为能事，堆砌一些含意不清的或模棱两可的措辞，故弄玄虚，但仔细分析就会发现，实际上只是变了个说法而已，并没有做到"言之有物"。也就是说，写文章要有内容，不要只说一些空话、套话、废话，只有这样，才能让你的受众最大限度地理解你的意图，而不会产生厌烦情绪。现在，党员干部中满嘴空话、套话连篇有之，生拉硬扯、不接地气有之，装腔作势、无病呻吟有之，啰嗦疲沓、夹缠不清有之，更有的兜圈子、入题慢，绕弯子、离题远，有的编顺口溜、凑"四六句"，听起来"有趣"、想起来"无聊"，用形式的新奇掩盖思想的贫瘠，说一些自己都不知所云的话。对党员领导干部来说，写言之有物的文章、讲言之有物的话，是最基本的能力，也是最根本的要求。讲话写文章，是阐发思想、指导工作、推动实践的重要途径，文风体现作风，写文章是否言之有物，是检验作风是否过硬的一面镜子、一把尺子。每一位党员干部都要用此照一照、量一量，有则改之，无则加勉。最丰富、最生动的实践在于基层，群众是最好的老师。只有走进群众、深入基层，从中汲

---

① 《毛泽东选集》第三卷，人民出版社1991年版，第836页。

取养分和智慧，分析问题、提出对策、指导实践，才能不跑题，文章才能有底气、有高度、有深度，群众才能听得懂、愿意听、记得住、能受用。

三、不空不泛要真情

毛泽东一贯反对讲空话，他把"空话连篇，言之无物"列为党八股的第一条罪状，并且用"墙上芦苇，头重脚轻根底浅；山间竹笋，嘴尖皮厚腹中空"来形容理论脱离实际、夸夸其谈的人。2005 年 8 月 19 日，时任浙江省委书记的习近平在《浙江日报》"之江新语"栏目撰文《文风也能体现作风》指出，现在存在一种很不好的文风，喜欢写长文章、讲长话，但是思想内涵却匮乏得很。他明确提出文章、讲话要开门见山，直截了当，讲完即止，用尽可能少的篇幅，把问题说清、说深、说透，表达出丰富而深刻的思想内容。最要反对的是空话连篇、言之无物的八股文，诸如"穿靴戴帽"、空泛议论、堆砌材料、空话连篇、套话成串、"大而全""小而全"等弊病，都要坚决克服。

要用真情写。党的十九大报告强调："必须坚持人民主体地位，坚持立党为公、执政为民，践行全心全意为人民服务的根本宗旨，把党的群众路线贯彻到治国理政全部活动之中，把人民对美好生活的向往作为奋斗目标，依靠人民创造历史伟业。"[①] 始终与人民风雨同舟、生死与共，保持血肉联系，是我们党战

[①] 习近平：《决胜全面建成小康社会　夺取新时代中国特色社会主义伟大胜利——在中国共产党第十九次全国代表大会上的报告》，人民出版社 2017 年版，第 21 页。

胜一切困难和风险的根本保证。对人民群众的深厚感情，是由我们党的性质和宗旨决定的，这不仅是态度、工作或者作风问题，还是严肃的政治问题、立场问题。从这个角度看，能否带着对人民群众的深厚感情办文办事，是判断一个党员干部是否合格的重要标准。一是要把党全心全意为人民服务的深情传达出来。党员干部的一项重要任务是带领群众学习宣传贯彻党的路线方针政策，这个任务的落实，很多时候要以文章的形式表达出来，因此要把群众高兴不高兴、满意不满意、赞成不赞成、答应不答应作为我们想问题、干工作的出发点和落脚点，把对人民群众的感情倾注在笔尖上，体现在文章里。二是要把地方党委、政府对人民群众的深情传达出来。很多时候党员干部撰写的文章，都是代地方党委、政府立言。那些文字的背后，都涉及一项又一项具体的改革措施和发展问题，都与群众的利益有着直接或间接的关系，都凝聚着党委、政府对群众的深切情谊，也饱含着群众期盼的眼光。考虑到这些，就更应该把党委、政府对群众的感情及时准确地传达出来。三是把自己对人民群众的感情表达出来。对人民怀有无限深情，就是对党怀有无限深情，就是对党领导的事业怀有无限深情。要牢记自己来自人民，对人民充满感情，情为民所系，才能权为民所用，利为民所谋，才有了践行的思想基础。因此，党员干部办文也好、讲话也罢，都应当带着感情站在人民的立场，表达人民的思想和感情，反映人民的呼声和愿望。比如，新华社河南分社记者采写的《老郭脱贫记》，细节鲜活，情感真挚，描绘了村容村貌的巨变、群众脱贫的喜悦、干部扶贫的真功，真情实感，跃然纸上，稿件在头版头条见报后，引起强烈反响。"全国优秀县委书记""全国优秀共产党员"廖俊波同志逝世后，5小时内网上悼念他的人达数十万，悼念挽联1000多幅。作为一名多年来深入基层的党员干部，他心中时刻装着群众，正是这颗对群众的真心换来了群众对他的一片真情。

要不落俗套。站在什么角度说什么话，站在什么高度写什么文章。如果我们选错了角度，文章就很难写好；反之，就会得心应手。事物本身都是多侧面的，选择不同的角度就会产生不同的价值；从不同侧面入手，就会产生不同的效果。怎样才能选准角度、把握好切入点？一是要强化学习，提高理论水平。提高政治理论水平必须坚持用习近平新时代中国特色社会主义思想武装头脑，学会用联系的、辩证的、发展的、全面的观点看待和分析问题，用科学的观点去观察和认识问题，去辨析正误，判断真假，鉴别善恶。如果没有比较扎实的政治理论素养，就很难对事物作出正确的判断和选择。只有把自己的理论水平、政策水平、思想水平提升到与自己岗位需要相应的高度，才能站得高、看得远、思得深；遇到同样的情况、解决同样的问题，才能选出最佳的角度。二是要树立大局意识。大局意识是我们确立主题、选好角度必须充分考虑的条件和因素。如果缺少大局意识，看问题就会囿于局部、流于琐碎，容易沦为事务主义者，由此写出的文章必然没有力度、缺乏深度。从大局的高度去认识问题、分析问题，就能从一般中发现个别，从普遍中发现特殊，才能发挥好以个别指导一般的作用。因此，我们在认识问题、分析事物时，一定要牢固树立大局意识，回应时代的呼唤，满足群众的需要，把所掌握的情况放在全局的高度去衡量、去比较，确定主题，选择角度。三是要调查研究，全面了解情况。在社会发展日新月异的今天，许多新思想、新情况、新观点、新办法，都需要我们去认真研究，第一时间了解情况，及时分析研究对策，尽快反映解决问题。要做到这些，党员干部必须走出办公室，深入基层、扎根一线，进行深入全面细致的调查研究，这样才能摸清底数，提炼出好的主题，找到好的角度。习近平总书记指出："人民是历史的创造者，人民是真正的英雄。"①他们喜欢什么，不喜欢什么，在动笔之前，一定要搞得非常清楚，有针对性地去锤炼主题，选择角度。如果党员干部不去与人民群众接触，就不会了解群众的疾苦。光在家里拍脑袋决策，闭门造车，凭空杜撰下笔千言，很难选出好的角度。

要用心动脑。古人云，"为文之用心，精细如雕长龙"，写文章是要下大力气反复锤炼的。习近平强调，领导干部改进文风，应当深入基层，在实际生活中"望闻问切"，使思想和文字体现时代要求，符合实际情况，能够解决问题。②为了达到这个目的，就更是需要不厌其烦反复修改，千锤百炼始成金。因此，就需要掌握"三不"方法："不关门"，巧用他山之石。成功的秘诀在于"随时以举事，因资而立功"。写文章虽然没有固定的套路，但也有自身的特点和规律，可以用来学习借鉴。当然，我们说借鉴不是抄袭，而是在自主创作的基础上，取彼之长、补己之短，不断推陈出新。习近平总书记在讲话中，经常引用一些经典诗文名句来阐述自己治国理政的理念，谈到扶贫时他讲"三军可夺帅也，匹夫不可夺志也"；同专家座谈时他讲"三人行，必有我师焉"；谈到反腐时他讲"物必先腐，而后虫生"等，这些既凸显了讲话的厚重感也强化了说服力。党员干部写文章、起草公文，如果善

---

① 习近平：《在第十三届全国人民代表大会第一次会议上的讲话》，《人民日报》2018年3月21日。

②《中央党校举行2010年春季学期第二批入学学员开学典礼 习近平出席并讲话》，《人民日报》2010年5月13日。

于学习积累、做到旁征博引，写出的文章就会厚重凝练，令人回味无穷。"不高冷"，说理深入浅出。毛泽东的"加强纪律性，革命无不胜"，习近平的"独行快、众行远"等语句，都是用浅显易懂的话语揭示了深刻的道理。接地气才能有底气、长灵气，形式上要化繁为简，释理上要深入浅出，语言上要通俗易懂，这样的文章才易于群众接受。"不俗套"，遣词造句力求精练准确。语言富于变化，令人阅之欣然；语言富有哲理，让人深受启发。我国古代的文人非常讲究"炼字"，有句话叫作"吟安一个字，捻断数茎须"。党员干部写文章，当然用不着像古人那样拘泥于一字一句的得失，但也要追求文字凝练、文风朴实，力求用语真实准确无假话、严谨庄重无虚话、简明扼要无废话、平实易懂无大话；语言要义正词严、掷地有声，直击群众的内心；要多用常见句，少用晦涩句，使文章接地气；要善用数据、典故、格言，为文章添色增辉，善用立论议论，达到以理服人的效果；切忌出现过激语言、绝对化倾向，影响严肃性、准确性。

四、不空不虚要鲜活

在习近平总书记的大力倡导和示范引领下，党的文风会风实现了根本性好转，但有的文章仍不乏"长、空、假"现象，有的有意无意将文章添枝加叶、短话长说；有的空话、套话多，既不触及实际问题，也不回答群众关切；有的堆砌辞藻，词语生涩，让人听不懂、看不懂。进一步解决好这些问题，就要求我们党员干部要善于运用鲜活的语言说理论事，善于把理论问题和学术用语转变为能读易懂的群众语言，善于捕捉富有个性、特色鲜明的话语，善于抓住要点、提炼有效信息，把准时代脉搏、突出问题导向，准确鲜明地表达核心观点，做到简洁平实、通俗明白，杜绝照抄照搬文件和领导讲话的不良文风。

注意学习积累，思路活。"读书破万卷，下笔如有神""不积跬步，无以至千里；不积小流，无以成江海"，古人这些总结的经验，从正与反两个方面讲清楚了"积累"在写作中的重要地位和作用。积累犹如泉源，文章犹如溪水，泉源丰盈而不枯竭，溪水自然长流不息。党员干部在写文章时，为了达到鲜活的目的，应该着力加强平时的学习积累。一是素材的积累。"问渠哪得清如许？为有源头活水来。"要做生活的有心人，积累文章素材。要学会观察和思考，在关注国内外形势变化发展的同时，紧盯本单位、本部门的中心工作，深入人民，了解、掌握基层群众疾苦，并注意把自己看到的、听到的、想到的以文字的形式及时记录下来。或者在读书看报的过程中，将相关素材分门别类做好留存，日积月累、久久为功，就会形成自己的"阿里巴巴宝库"。二是思想的积累。所谓思想，是指客观存在反映到人的意识中，并经过思维活动加工而形成的产物。就文章而言，思想是主旨、是灵魂。因此，建立自己的"思想库"不仅必要而且重要。一方面要善思。"心之官则思，思则得之，不思则不得也。"平时要勤于思考、乐于思考，遇事多问"是什么""为什么""怎么办"。只有这样，才有可能透过繁杂无序的表象，看清楚事物的本质。还要留心把工作中、学习中闪现思维火花的新思路、新观点、新见解做好记录和积累，以备随时之需。另一方面要辑录，也就是要摘录名人名言、格言警句等。如果能多积累一些脍炙人口的名言、富含哲理的警句，在文章中恰当运用，就能使之增色不少。三是论述的积累。在写文章的过程中，有时要对某些问题进行论述，现编现写，不仅费时费力还有可能缺项漏项、讲不到位。如果平时有这方面的积累，一旦涉及某个问题，使用起来就会很方便。比如，要论述那些反复讲的抓落实、提高工作效率、加强作风建设、实现创新发展等话题，如果参照论述资料，并结合新形势、新任务、新要求，作出恰如其分的阐述，文章就能写得独出心裁。

借鉴群众语言风格活。习近平指出，群众的思想最鲜活，群众的语言最生动。深入群众，就来到了智慧的大课堂、语言的大课堂，我们的讲话、文章就可以有的放矢，体现群众意愿。① 这就要求我们不断学习鲜活的群众语言，创建有中国特色、中国作风、中国气派的理论、范畴、话语体系。写文章时要进一步倡导群众视角，注重学习运用群众语言，像朋友聊天一样、像讲故事一样、像拉家常一样，说实话、说新话、说老百姓的话，用浓厚的生活气息、强烈的真情实感打动群众、感染群众，使文字更加清新活泼，让人们爱读爱听爱看。党员干部起草文件、撰写文章，虽然有着比较严格的规范性要求，但是从源头来看，群众语言依然不失为重要话语来源之一。特别是在涉及生活时尚、社会风尚和人们所热切关注的社会问题、民生问题的文字材料写作中，大胆并恰当合理地捕捉群众在实践中创造使用的具有通俗性且不失庄重性的流行语、时髦话和新词汇，会在很大程度上增加鲜活感时代感，进而赢得群众认可赞同，确保我们撰写的文章不枯燥、不呆板、不落伍。如用"缺钙""软骨病"来比喻理想信念的缺失；用"老虎""苍蝇"一起打，宣示推进反腐倡廉的决心；以"照镜子、正衣冠、洗洗澡、治治病"形象地说明党员干

---

① 《中央党校举行 2010 年春季学期第二批入学学员开学典礼　习近平出席并讲话》，《人民日报》2010 年 5 月 13 日。

部要强化党性教育；用"打铁必须自身硬"来表达全面从严治党的决心；用"头雁效应"要求各级领导干部身体力行，以上率下；用"病树""歪树"形容党内不良政治生态等，就非常生动鲜活。同时，要一切依靠群众，主动倾听群众呼声，邀请群众评判工作，从群众意见中反思工作，汲取群众智慧，把群众满意作为写作实践的第一评价标准。基层蕴藏着最鲜活的资源。一旦到了基层，丰富的素材、思想的火花、动人的故事，就挖不尽、写不完。只有游到"深水区"，才能抓到"大活鱼"。要走出高楼大厦，到普通民众中去，挖掘现实素材，以深厚的生活积淀丰富内涵，书写时代最动人的篇章。

打牢基础基本功好。文章要写得鲜活，就要遵从汉语言文字的写作规律，也就是要学习研究一点写作之道。一是要学习不同类型文章的有关规定。比如，文章分类、作用、一般内容和写作要求以及格式，都是最基本的写作之道，要认真学习并熟记之。二是读一点写作理论方面的专著。这些书会告诉我们怎样确定主题，怎样建立结构，怎样使用材料，以及对比、照应、起承转合等文章写作的基本问题。三是学一点语法和修辞。学语法是为了消灭病句，把文字写通顺；学修辞是为了把文章写得富有文采。古人说："言之无文，行而不远。"说话著文要讲修辞，有文采，而引用、借用、化用一些诗词歌赋、名言警句、方言俚语，往往能够让文章更有文采、幽默风趣。毛泽东在《反对党八股》一文中说，有的人写文章"语言无味，像个瘪三"，"瘪三"就是上海地区的方言，用在这里很形象、很贴切。说写文章要看对象、从实际出发，就讲"到什么山上唱什么歌"等，这样的表达就使行文既通俗易懂，又生动有趣，让人想看愿看。四是学一点逻辑学。逻辑与写作关系非常密切，有本书的书名就叫《文章与逻辑》，专门讲写文章中的逻辑问题。有的文章之所以会犯偷换概念、改换论题、自相矛盾等逻辑错误，就是由于没有搞清起码的逻辑关系。不掌握逻辑学的一般知识，发生逻辑错误是在所难免的。五是要掌握一定的哲学知识。"学好哲学，终身受用。"写文章光靠努力还不行，还要得法，得法就是要学习哲学。学好哲学，掌握了一般规律，有助于认识特殊规律。写文章本就是一个由认识到实践，再由实践到认识的过程。学好哲学，掌握认识世界、改造世界的武器，养成分析综合、归纳概括的习惯，这是写好文章的基本功。

第七讲

站高位：根本在提高政治素质

　　宣传思想工作就是政治工作，讲政治是第一位的要求。习近平总书记指出，完成新形势下宣传思想工作的使命任务，必须以新时代中国特色社会主义思想和党的十九大精神为指导，增强"四个意识"、坚定"四个自信"。①宣传思想干部增强"四力"，必须加强政治历练和政治修养，坚持党的政治领导，坚定崇高政治理想，全面提升政治觉悟和政治能力，始终在政治立场、政治方向、政治原则、政治道路上同以习近平同志为核心的党中央保持高度一致。

―――――

　　①《习近平在全国宣传思想工作会议上强调　举旗帜聚民心育新人兴文化展形象　更好完成新形势下宣传思想工作使命任务》，《人民日报》2018年8月23日。

一、用习近平新时代中国特色社会
主义思想武装头脑

党的十八大以来，以习近平同志为核心的党中央紧密结合新的时代条件和实践要求，以全新的视野深化对共产党执政规律、社会主义建设规律、人类社会发展规律的认识，进行艰辛理论探索，取得重大理论创新成果，从理论和实践结合上系统回答了新时代坚持和发展什么样的中国特色社会主义、怎样坚持和发展中国特色社会主义的重大问题，形成了习近平新时代中国特色社会主义思想。党的十九大概括和提出了习近平新时代中国特色社会主义思想，将其确立为党必须长期坚持的指导思想并写进党章，实现了党的指导思想的又一次与时俱进。十三届全国人大一次会议通过的宪法修正案，郑重地把习近平新时代中国特色社会主义思想载入宪法，实现了从党的指导思想向国家指导思想的转化，从而也实现了国家指导思想的又一次与时俱进。

一是充分认清习近平新时代中国特色社会主义思想的重大意义。党的十九大报告指出："新时代中国特色社会主义思想，是对马克思列宁主义、毛泽东思想、邓小平理论、'三个代表'重要思想、科学发展观的继承和发展，是马克思主义中国化最新成果，是党和人民实践经验和集体智慧的结晶，是中国特色社会主义理论体系的重要组成部分，是全党全国人民为实现中华民族伟大复兴而奋斗的行动指南，必须长期坚持并不断发展。"①习近平新时代中国特色社会主义思想，具有重大的政治意义、历史意义、理论意义和实践意义。

习近平新时代中国特色社会主义思想立起了新时代中国共产党人的思想旗帜。有思想上的统一，才能有行动上的一致。我们这么大一个国家，这么大一个政党，必须有一个统一的指导思想，作为党和国家前进的旗帜，这样我们才能团结起来凝聚起来。习近平新时代中国特色社会主义思想，以为人民谋幸福、为民族谋复兴的历史担当，从理论和实践上深刻回答了在新时代坚持和发展什么样的中国特色社会主义、如何坚持和发展中国特色社会主义，新时代实现什么样的民族复兴和如何实现民族复兴这些重大时代课题，提出了一系列富有时代性、创造性、人民性的重大论断，为新时代中国共产党人立起了思想的旗帜，为国家政治生活和社会生活提供了根本指针。实践已经证明并将继续证明，习近平新时代中国特色社会主义思想能够解决中国特色社会主义、中华民族的前途命运问题。

习近平新时代中国特色社会主义思想谱写了马克思主义新篇章。中国共产党从成立之日起，就坚持把马克思主义基本原理同中国具体国情紧密结合起来，不断推动马克思主义中国化，产生了毛泽东思想和中国特色社会主义理论体系两大理论成果。时代不断前进，理论和实践创新也必须不断前进。党的十八大以来，以习近平同志为核心的党中央坚持用马克思主义立场观点方法解决中国时代问题，不断推动马克思主义中国化。习近平新时代中

① 习近平：《决胜全面建成小康社会　夺取新时代中国特色社会主义伟大胜利——在中国共产党第十九次全国代表大会上的报告》，人民出版社2017年版，第20页。

国特色社会主义思想，既坚持马克思主义基本原理和科学社会主义基本原则，坚持毛泽东思想和中国特色社会主义理论体系，又弘扬与时俱进品格，实现了中国特色社会主义理论体系的新飞跃，谱写了马克思主义的新篇章。

习近平新时代中国特色社会主义思想提供了实现中华民族伟大复兴的精神力量。近代以来，一代代中华儿女为实现民族复兴接续努力，书写了可歌可泣的精彩篇章。进入新时代，中华民族对实现伟大复兴的梦想更加渴望，对推动民族复兴的大业更有信心。党的十八大结束不久，习近平总书记在参观"复兴之路"展览时就深刻指出，实现伟大复兴是近代以来中华民族最伟大的梦想。习近平总书记以实现中华民族伟大复兴为奋斗目标，深刻阐述了民族复兴的基本内涵，深刻揭示了实现民族复兴的方法路径，为新时代坚持和发展中国特色社会主义注入了新内涵，为实现中华民族伟大复兴提供了强大精神力量。

习近平新时代中国特色社会主义思想为建设美好世界贡献了中国智慧、中国方案。当今世界发展走到了一个新的十字路口，人类该往何处去正困扰着不少国家和人民。综观世界大局，旧的世界秩序正在深刻变化，新的世界秩序尚未建立。世界经济发展乏力，贫富差距不断拉大，地区冲突和局部战争此起彼伏，恐怖主义时有发生，环境恶化和生态破坏愈加严重，这些问题威胁着世界的和平与发展。改革开放以来，特别是党的十八大以来，中国特色社会主义取得了举世瞩目的成就，国家政局稳定，经济平稳增长，社会和谐有序，文化繁荣兴盛，生态不断改善，国家综合国力大幅提升，中国的世界影响力和吸引力不断增强，中国在现代化道路上阔步前进。这些成就的取得，得益于习近平新时代中国特色社会主义思想的正确指导。世界各国，特别是那些想从中国发展中汲取智慧和方案的国家和人民，发现了习近平新时代中国特色社会主义思想的世界意义。《习近平谈治国理政》在全世界的热销，充分说明了习近平新时代中国特色社会主义思想为建设美好世界贡献了中国智慧、中国方案。

二是准确理解习近平新时代中国特色社会主义思想的丰富内涵。习近平新时代中国特色社会主义思想，紧紧围绕坚持和发展中国特色社会主义这一根本主题，着眼实现中华民族伟大复兴这一宏伟目标，提出了一系列具有开创性意义的新理念新思想新战略，其内容涵盖经济建设、政治建设、文化建设、社会建设、生态文明建设、党的建设、国防和军队现代化建设等领域，涉及改革发展稳定、内政外交国防、治党治国治军等方面，是一个系统完整、逻辑严密、博大精深的理论体系。

"八个明确"是习近平新时代中国特色社会主义思想最为核心关键的组成部分，包括：明确坚持和发展中国特色社会主义，总任务是实现社会主义现代化和中华民族伟大复兴，在全面建成小康社会的基础上，分两步走在本世纪中叶建成富强民主文明和谐美丽的社会主义现代化强国；明确新时代我国社会主要矛盾是人民日益增长的美好生活需要和不平衡不充分的发展之间的矛盾，必须坚持以人民为中心的发展思想，不断促进人的全面发展、全体人民共同富裕；明确中国特色社会主义事业总体布局是"五位一体"、战略布局是"四个全面"，强调坚定道路自信、理论自信、制度自信、文化自信；明确全面深化改革总目标是完善和发展中国特色社会主义制度、推进国家治理体系和治理能力现代化；明确全面推进依法治国总目标是建设中国特色社会主义法治体系、建设社会主义法治国家；明确党在新时代的强军目标是建设一支听党指挥、能打胜仗、作风优良的人民军队，把人民军队建设成为世界一流军队；明确中国特色大国外交要推动构建新型国际关系，推动构建人类命运共同体；明确中国特色社会主义最本质的特征是中国共产党领导，中国特色社会主义制度的最大优势是中国共产党领导，党是最高政治领导力量，提出新时代党的建设总要求，突出政治建设在党的建设中的重要地位。

"十四个坚持"的基本方略是实现"两个一百年"奋斗目标、实现中华民族伟大复兴中国梦的"路线图"和"方法论"，包括：坚持党对一切工作的领导，坚持以人民为中心，坚持全面深化改革，坚持新发展理念，坚持人民当家作主，坚持全面依法治国，坚持社会主义核心价值体系，坚持在发展中保障和改善民生，坚持人与自然和谐共生，坚持总体国家安全观，坚持党对人民军队的绝对领导，坚持"一国两制"和推进祖国统一，坚持推动构建人类命运共同体，坚持全面从严治党。这"十四个坚持"构成了新时代坚持和发展中国特色社会主义的基本方略。

"八个明确""十四个坚持"是习近平新时代中国特色社会主义思想的核心内容。"八个明确"偏重于理论层面的高度概括和凝练，每一个"明确"都是具有原创性的新思想新观点，集中反映着我们党对科学社会主义在当今时代的理论思考和理论贡献。"十四个坚持"偏重于实践层面、方略层面的展开，从结构和逻辑看，第一条是"坚持党对一切工作的领导"，最后一条是"坚持全面从严治党"，体现着坚持和加强党的全面领导这一当代中国的最高政治原则，贯穿着以自我革命引领社会革命的内在逻辑。"八个明确""十四个坚持"有机融合、有机统一，都凝结着我们党坚持和发展中国特色社会主义的经验总结，特别是凝结着以习近平同志为核心的党中央对中国特色社会主义规律性认识的深化、拓展、升华，体现了理论与实际相结合、战略和战术相一致、认识论和方法论相统一的理论特色。

三是学会运用习近平新时代中国特色社会主义思想的思想方法和工作方法。习近平新时代中国特色社会主义思想，是马克思主义中国化的最新成果，是运用马克思主义立场观点方法解决中国问题的马克思主义理论典范。在习近平新时代中国特色社会主义思想中，蕴含着马克思主义的思想方法和工作方法。我们学习习近平新时代中国特色社会主义思想，不仅要学习其中的理论精髓，更要学习其中的思想方法和工作方法，用以武装头脑、指导工作、推动实践。

实事求是的方法。实事求是是我们党的思想路线的实质和核心。实事求是，就是要严格按照客观现实认识世界，按照客观实际思考问题，按照客观规律推动实践。历史证明，我们党坚持实事求是，党的事业和人民的事业就兴旺发达；违背实事求是，党的事业和人民的事业就会受到挫折。习近平新时代中国特色社会主义思想，贯穿着实事求是的精神，是用实事求是方法回答时代问题的理论精髓。宣传思想工作实事求是，就是要深入基层，深入实际，掌握实情，真正全面、真实、准确掌握第一手材料和数据，真正掌握事实，打牢宣传思想工作的基础。

调查研究的方法。调查研究，是坚持实事求是的基本要求，是我们党做好工作的传家宝。毛泽东强调："没有调查，没有发言权。""你对于某个问题没有调查，就停止你对于某个问题的发言权。"[1] 习近平新时代中国特色社会主义思想，是建立在以习近平同志为核心的党中央广泛深入调查研究中国和世界问题的基础上的，是调查研究之后的理论升华。做好宣传思想工作，必须广泛

---

[1]《毛泽东选集》第一卷，人民出版社 1991 年版，第 109 页。

开展调查研究，掌握客观现实情况，把最真实、最全面、最深入的情况调查清楚、调查明白。

问题导向的方法。问题是时代的声音，解决问题是推动时代进步的关键。问题导向是以解决问题为方向和目的的一种思想方法和工作方法。习近平新时代中国特色社会主义思想，敢于直面我们发展过程中的矛盾和问题，善于从问题出发寻找解决问题的途径和方法。做好宣传思想工作，必须始终树立问题意识，坚持问题导向，敢于直面问题、探索问题，善于科学分析问题、研究问题，弄清问题本质，找出问题症结，提升宣传工作的公信力和影响力。

底线思维的方法。毛泽东指出："不论任何工作，我们都要从最坏的可能性来想，来部署。"[①]邓小平强调："我们要把工作的基点放在出现较大的风险上，准备好对策。这样，即使出现了大的风险，天也不会塌下来。"[②]在习近平新时代中国特色社会主义思想中，处处体现着底线思维。习近平总书记指出，中华民族伟大复兴的中国梦，绝不是轻轻松松、敲锣打鼓就能实现的。他还反复强调，当前和今后一个时期，我们在国际和国内面临的矛盾和风险都不少，决不能掉以轻心。他在省部级主要领导干部坚持底线思维着力防范化解重大风险专题研讨班开班式上发表重要讲话强调，深刻认识和准确把握外部环境的深刻变化和我国改革发展稳定面临的新情况新问题新挑战，坚持底线思维，增强忧患意识，提高防控能力，着力防范化解重大风险，保持经济持续健康发展和社会大局稳定，为决胜全面建成小康社会、夺取新时代中国特色社会主义伟大胜利、实现中华民族伟大复兴的中国梦提供

① 《毛泽东文集》第六卷，人民出版社 1999 年版，第 404 页。
② 《邓小平文选》第三卷，人民出版社 1993 年版，第 267 页。

坚强保障。① 做好宣传思想工作，必须坚持底线思维，坚决守好宣传思想工作的底线，决不能在政治方向、舆论导向、价值取向上犯错误、出偏差，坚决同各种错误思想和言论作斗争。

二、深入学习贯彻习近平总书记关于宣传思想工作的重要论述

党的十八大以来，习近平总书记非常重视宣传思想工作，就如何做好宣传思想工作多次作出重要指示。在 2013 年召开的全国宣传思想工作会议上，习近平总书记发表重要讲话指出，宣传思想工作一定要把围绕中心、服务大局作为基本职责，胸怀大局、把握大势、着眼大事，找准工作切入点和着力点，做到因势而谋、应势而动、顺势而为。② 在 2018 年召开的全国宣传思想工作会议上，习近平总书记再次发表重要讲话，对做好新形势下党的宣传思想工作作出重大部署，进一步深刻阐述了新形势下党的宣传思想工作的历史方位和使命任务，深刻回答了一系列方向性、根本性、全局性、战略性重大问题。

关于宣传思想工作的根本遵循。党的十八大以来，以习近平同志为核心的党中央把宣传思想工作摆在全局工作的重要位置，习近平总书记亲自谋划、亲自指导、亲自推动，先后出席一系列

①《习近平在省部级主要领导干部坚持底线思维着力防范化解重大风险专题研讨班开班式上发表重要讲话强调　提高防控能力着力防范化解重大风险　保持经济持续健康发展社会大局稳定》，《人民日报》2019 年 1 月 22 日。

②《习近平在全国宣传思想工作会议上强调　胸怀大局把握大势着眼大事　努力把宣传思想工作做得更好》，《人民日报》2013 年 8 月 21 日。

重要会议，作出一系列重要论述，提出了一系列新思想新观点新论断，形成了我们党新时代宣传思想工作的重要思想，其核心要义概括起来主要是"九个坚持"。"九个坚持"从国际和国内、历史和现实的结合上，深刻回答了新时代如何把握宣传思想工作、怎样做好宣传思想工作的重大问题，开辟了宣传思想工作理论和实践的新境界，是对党的宣传思想工作丰富实践、宝贵经验的科学总结，是对宣传思想工作新实践新经验的提炼和升华，赋予党的宣传思想工作理论新的时代内涵，标志着我们对宣传思想工作的认识和把握提升到一个新高度。"九个坚持"作为一个系统完整的科学体系，对坚持什么、反对什么作出鲜明回答，对总体思路、工作布局、战略重点作出科学谋划，为做好宣传思想工作作出了顶层设计，提供了战略指引，是新时代推动宣传思想工作创新发展的战略擘画。习近平总书记指出，这些重要思想，是做好宣传思想工作的根本遵循，必须长期坚持、不断发展。①

关于宣传思想工作的中心环节。习近平总书记指出，中国特色社会主义进入新时代，必须把统一思想、凝聚力量作为宣传思想工作的中心环节。②这就明确了新时代宣传思想工作的重要任务和工作抓手，是新时代开创宣传思想工作新局面的理论指导和行动指南。

当前，我们正在进行具有许多新的历史特点的伟大斗争，面临的挑战和困难前所未有。在纷繁复杂的时局下，我们必须深刻理解并牢牢把握"统一思想、凝聚力量"这一宣传思想工作的中心环

①《习近平在全国宣传思想工作会议上强调　举旗帜聚民心育新人兴文化展形象　更好完成新形势下宣传思想工作使命任务》，《人民日报》2018年8月23日。

②同上。

节，如此才能从容不迫，凝聚最大共识，画出最大同心圆，才能抓住新时代宣传思想工作的根本，精准把握宣传思想工作总体趋势，开创宣传思想工作新局面。我们必须把人民对美好生活的向往作为奋斗的目标，既解决实际问题又解决思想问题，更好强信心、聚民心、暖人心、筑同心。我们必须既积极主动阐释好中国道路、中国特色，又有效维护我国政治安全和文化安全。我们必须坚持以立为本、立破并举，不断增强社会主义意识形态的凝聚力和引领力。我们必须科学认识网络传播规律，提高建网、用网、治网水平，使互联网这个最大变量变成事业发展的最大增量。

关于宣传思想工作的使命任务。习近平总书记指出，做好新形势下宣传思想工作，必须自觉承担起举旗帜、聚民心、育新人、兴文化、展形象的使命任务。[1]广大宣传思想工作者必须自觉承担起新时代赋予的使命任务，为推动宣传思想工作不断强起来、为推动民族精神不断强起来作出应有贡献。

关于宣传思想工作的战略任务。习近平总书记指出，建设具有强大凝聚力和引领力的社会主义意识形态，是全党特别是宣传思想战线必须担负起的一个战略任务。[2]意识形态工作是党和国家工作的重要组成部分，在中国特色社会主义事业全局中占有重要地位。意识形态决定文化前进方向和发展道路，对一个政党、一个国家、一个民族的生存发展至关重要。要切实加强党对意识形态工作的领导，大力发展壮大社会主义意识形态，不断巩固马克思主义在意识形态领域的指导地位，巩固全党全国人民团结奋斗的共同思想基础。

---

[1]《习近平在全国宣传思想工作会议上强调　举旗帜聚民心育新人兴文化展形象　更好完成新形势下宣传思想工作使命任务》，《人民日报》2018年8月23日。

[2] 同上。

关于做好做强马克思主义宣传教育工作，特别是在学懂弄通做实习近平新时代中国特色社会主义思想上下功夫。掌握意识形态工作领导权，最重要的就在于加强理论武装，推动习近平新时代中国特色社会主义思想深入人心。要按照学懂弄通做实的要求，坚持读原著、学原文、悟原理，深入系统学、及时跟进学，做到学思用贯通、知信行统一。要把坚定"四个自信"作为建设社会主义意识形态的关键，坚持马克思主义在我国哲学社会科学领域的指导地位，建设具有中国特色、中国风格、中国气派的哲学社会科学。要体现继承性、民族性，坚持古为今用，善于融通马克思主义、中华优秀传统文化和国外哲学社会科学的资源，坚持从我国实际出发，着力提出立足中国立场、具有中国智慧、反映中国价值的理念、主张、方案。要把握正确舆论导向，提高新闻舆论传播力、引导力、影响力、公信力，巩固壮大主流思想舆论，适应新形势下传播形态、传播格局的深刻变革，推进传统媒体和新兴媒体深度融合，推动我国整体传播能力有一个更大的提升。要加强传播手段和话语方式创新，让党的创新理论"飞入寻常百姓家"。要扎实抓好县级融媒体中心建设，更好引导群众、服务群众。要旗帜鲜明坚持真理，立场坚定批驳谬误。要压实压紧各级党委（党组）责任，做到任务落实不马虎、阵地管理不懈怠、责任追究不含糊。

关于宣传思想工作的重要职责。习近平总书记指出，宣传思想工作是做人的工作的，要把培养担当民族复兴大任的时代新人作为重要职责。① 新时代，新思想，需要时代新人。没有秉承新思想的人，完成时代使命就是一句空话。习近平总书记把"育新

① 《习近平在全国宣传思想工作会议上强调　举旗帜聚民心育新人兴文化展形象　更好完成新形势下宣传思想工作使命任务》，《人民日报》2018 年 8 月 23 日。

人"作为新时代宣传思想工作的一项重要使命，为做好党的宣传思想工作指明了方向，是从实现中华民族伟大复兴中国梦的战略高度，对宣传思想战线提出的重大任务，对宣传思想工作作出的重要部署。进入新时代，开启新征程，实现新梦想，培养怎样的时代新人，以及怎样培养时代新人，成为新形势下宣传思想工作的重要课题。

培养担当民族复兴大任的时代新人，重中之重是要以坚定的理想信念筑牢精神之基，坚定对马克思主义的信仰，对社会主义和共产主义的信念，对中国特色社会主义道路、理论、制度、文化的自信。要强化教育引导、实践养成、制度保障，把社会主义核心价值观融入社会发展各方面，引导全体人民自觉践行，使之转化为人们的情感认同和行为习惯。要抓住青少年价值观形成和确定的关键时期，引导青少年扣好人生第一粒扣子，勤学、修德、明辨、笃实，身体力行社会主义核心价值观。要广泛开展先进模范学习宣传活动，营造崇尚英雄、学习英雄、捍卫英雄、关爱英雄的浓厚氛围。要大力弘扬时代新风，加强思想道德建设，深入实施公民道德建设工程，加强和改进思想政治工作，推进新时代文明实践中心建设，不断提升人民思想觉悟、道德水准、文明素养和全社会文明程度。要弘扬新风正气，推进移风易俗，培育文明乡风、良好家风、淳朴民风，焕发乡村文明新气象。

三、做到"三个始终坚持"，
将政治素质落到实处

讲政治不是抽象的，而是要落实到具体行动上、体现到实际效果上。宣传思想工作，要始终坚持党管宣传、党管媒体、党管意识形态，始终坚持政治家办报、办刊、办台、办网，始终坚持党性和人民性相统一，把坚持正确政治方向的要求贯穿融入宣传思想工作各环节、全过程。无论是理论武装、新闻出版、广播电视、网信工作，还是文化文艺、思想道德教育、精神文明创建、对外宣传，都要善于从政治上看问题，增强政治敏锐性和政治鉴别力，牢牢把握正确的政治方向、舆论导向、价值取向。

始终坚持党管宣传、党管意识形态、党管媒体。党的坚强领导，是宣传思想工作顺利健康发展的根本保证。习近平总书记强调，要加强党对宣传思想工作的全面领导，旗帜鲜明坚持党管宣传、党管意识形态。①这深刻阐明了党委领导在加强宣传思想工作中的政治责任和领导责任。宣传思想工作是党的工作，是党委的工作，守护着党的思想舆论阵地，承担着"两个巩固"的根本任务，肩负着举旗帜、聚民心、育新人、兴文化、展形象的使命任务，一刻也不能离开党的领导。如果离开了党的全面领导，宣传思想工作就会偏离正确方向、脱离正确轨道。在革命、建设和

---

① 《习近平在全国宣传思想工作会议上强调　举旗帜聚民心育新人兴文化展形象　更好完成新形势下宣传思想工作使命任务》，《人民日报》2018年8月23日。

改革各个历史时期，党的宣传思想工作之所以能取得长足进步、发挥重要作用，最根本的就在于始终坚持党的领导。历史经验证明，只有切实加强党对宣传思想工作的全面领导，坚持抓好宣传思想战线党的建设，才能有力推动新形势下宣传思想工作不断强起来。

宣传思想工作就是政治工作，大事小事都要讲政治。加强党对宣传思想工作的全面领导，必须始终站稳政治立场，保持正确政治方向，让党的主张成为时代最强音。要以党的政治建设为统领，牢固树立"四个意识"，做到"两个维护"，始终在政治立场、政治方向、政治原则、政治道路上同党中央保持高度一致，做到爱党、忧党、护党、为党。要严守党的政治纪律和政治规矩，严守党的宣传纪律，把讲政治作为第一位的要求，把忠诚可靠作为第一位的标准，做政治上的明白人、老实人，确保宣传思想工作的领导权牢牢掌握在忠于党和人民的人手里。

毛泽东曾指出："掌握思想领导是掌握一切领导的第一位。"[①]加强党对宣传思想工作的全面领导，各级党委和领导干部负有主体责任和政治责任。看一级党委政治上强不强、全面从严治党是否坚定不移，一个重要标尺就是看能否旗帜鲜明坚持党管宣传、党管意识形态；看一个领导干部是否成熟、能否担当重任，一个重要方面就是看重不重视、善不善抓宣传思想工作。各级党委和领导干部要加强对重大问题的分析研判和对重大战略性任务的统筹指导，带头把方向、抓导向、管阵地、强队伍，带头批评错误观点、错误倾向，在重要问题和重大事件上及时表明态度、亮明立场，让党的旗帜在宣传战线高高飘扬。

---

① 《毛泽东文集》第二卷，人民出版社1993年版，第435页。

始终坚持政治家办报办刊办台办网。毛泽东曾指出："搞新闻工作，要政治家办报。"①无论时代风云如何变幻、媒介格局如何变化，新闻工作者的党性原则、政治立场始终不能变。我们要切实增强政治家办报意识，增强"四个意识"、坚定"四个自信"、做到"两个维护"，自觉在思想上政治上行动上同以习近平同志为核心的党中央保持高度一致，积极宣传马克思主义真理、宣传党的主张、反映群众呼声，奋力开创宣传思想工作新局面，为党和国家事业发展提供坚强思想保证和强大精神力量。

要增强"四个意识"。面对"四大考验"和"四种危险"的严峻挑战，面对统筹推进"五位一体"总体布局、协调推进"四个全面"战略布局的艰巨使命，只有不断增强政治意识、大局意识、核心意识、看齐意识，才能自觉肩负起新形势下宣传思想工作的使命任务。强化"四个意识"首先要强化政治意识，坚持用马克思主义的立场、观点、方法观察和分析问题，紧跟党中央和习近平总书记的思想步伐。强化"四个意识"关键是要强化大局意识，因势而谋、应势而动、顺势而为，使宣传思想工作真正服从服务于党和国家事业发展的大局。强化核心意识，就是要坚决维护核心、听从指挥。一个没有领导权威的国家难以形成统一意志谋发展，一支没有指挥中枢的宣传思想工作队伍难以步调一致打胜仗。宣传思想工作者要在党言党、在党忧党、在党为党、在党护党，真正把新闻媒体锻造成宣传贯彻党的路线方针政策的坚强阵地。强化看齐意识，就是要自觉向党中央看齐，向党的理论和路线方针政策看齐，向党中央决策部署看齐，做到党中央提倡的坚决响应、党中央决定的坚决

---

① 《毛泽东新闻工作文选》，新华出版社 1983 年版，第 236 页。

执行、党中央禁止的坚决不做。

要坚定 "四个自信"。中国特色社会主义包含道路、理论、制度、文化四个方面。改革开放以来，我们取得一切成绩和进步的根本原因，归结起来就是开辟了中国特色社会主义道路，形成了中国特色社会主义理论体系，确立了中国特色社会主义制度，发展了中国特色社会主义文化。中国特色社会主义道路是实现途径，中国特色社会主义理论体系是行动指南，中国特色社会主义制度是根本保障，中国特色社会主义文化是精神力量，四者统一于中国特色社会主义伟大实践。坚定 "四个自信"，我们就能毫无畏惧面对一切困难和挑战，就能坚定不移开辟新天地、创造新奇迹。宣传思想工作要坚定 "四个自信"、宣传 "四个自信"，大力宣传中国特色社会主义道路，深入阐释中国特色社会主义理论体系，坚决维护中国特色社会主义制度，努力弘扬中国特色社会主义文化，为全党全国人民坚定 "四个自信" 提供坚强舆论和精神支持。

始终坚持党性和人民性相统一。习近平总书记强调，党性和人民性从来都是一致的、统一的。做好宣传思想工作，必须讲党性。坚持党性，核心就是坚持正确政治方向，站稳政治立场，坚定宣传党的理论和路线方针政策，坚定宣传中央重大决策部署，坚定宣传中央关于形势的重大分析判断，坚决同以习近平同志为核心的党中央保持高度一致，坚决维护党中央权威。这是大原则，决不能动摇。所有宣传思想部门和单位，所有宣传思想战线上的党员、干部，都要旗帜鲜明坚持党性原则。党性原则不仅要讲，而且要大张旗鼓讲、理直气壮讲、坚持不懈讲。不要躲躲闪闪、含糊其辞。西方国家标榜 "新闻自由"，其实也都有意识形态底线，有利益集团的规制和政党倾向，没有什么完全独立的媒体。要坚持党管媒体原则不动摇，坚持政治家办报、办刊、办台、办新闻网站。宣传思想工作者要增强党的意识，尽职尽责为党和人民事业服务。坚持什么、反对什么，说什么话、做什么事，都要符合党的要求，过得硬、靠得住，真正做到"千磨万击还坚劲，任尔东西南北风"。

做好宣传思想工作，必须讲人民性。坚持人民性，就是要把实现好、维护好、发展好最广大人民根本利益作为出发点和落脚点，坚持以民为本、以人为本。做好宣传思想工作，必须解决好"为了谁、依靠谁、我是谁"这个根本问题。要树立以人民为中心的工作导向，把服务群众同教育引导群众结合起来，把满足需求同提高素养结合起来，多宣传报道人民群众的伟大奋斗和火热生活，多宣传报道人民群众中涌现出来的先进典型和感人事迹，丰富人民精神世界，增强人民精神力量，满足人民精神需求。要坚决克服有些宣传报道脱离生活、不接地气、同群众贴得不够紧的问题，坚决克服一味迎合市场带来的低俗化现象。人民是具体的而不是抽象的，坚持人民性，要认真研究不同群众的思想文化需求。工人、农民、军人、干部、知识分子，老人、青年、孩子，不同群体需求的共性是哪些、个性是哪些，要弄清楚，以便有的放矢开展工作。对社会上出现的一些新群体，如蚁族、北漂、海归、海待等，也要有针对性地开展工作。要处理好点、线、面的关系，既加强面的广泛覆盖、线的分类指导，又注意把工作做到每个点上，"一把钥匙开一把锁"。

坚持党性，宣传思想工作才能有明确的立场和指向，坚持人民性，宣传思想工作才能获得活力源泉和动力根基。把党性和人民性统筹好、实践好、统一好，宣传思想工作就能把体现党的主张和反映人民心声统一起来，做到让党放心、让人民满意。

第八讲

强技能：关键在提升

业务本领

　　宣传思想工作的政治性、思想性、理论性、政策性、专业性都很强，没有"几把刷子"是干不了的。其中，过硬的业务本领是必不可少的一把"硬刷子"。练就这把"硬刷子"，就要求宣传思想干部要牢固夯实专业技能基础，要在提高建网、用网、治网能力上下大气力。要勤于学习，善于思考，勇于实践，不断掌握新知识，熟悉新领域，开拓新视野，增强本领能力，更好地适应和跟上时代的变化、实践的发展、人民的期待。

一、牢固夯实专业技能基础

从事宣传思想工作，不仅要政治过硬，还要业务过硬。合格的宣传思想干部，掌握精湛的专业技能是基础。宣传思想干部要争做岗位上的行家里手、领域里的专门家，就要具备张口能说、提笔能写的本领，遇事能拿对策的本领。要时刻以更高的标准要求自己，始终保持本领恐慌的危机感，一刻不停地增强本领，着力提高把握正确方向导向的能力、巩固壮大主流思想文化的能力、管理意识形态阵地的能力、开展网上舆论宣传和斗争的能力、处理复杂问题和突发事件的能力，牢牢掌握工作的主导权、主动权。[①]没有铁一般的担当，就不可能呈现新气象；没有过得硬的本事，就不可能谋求新作为。宣传思想干部要具有成事的真本领，就要通过学习与实践，真正做到在学中干、在干中学。

要加强学习，克服本领恐慌。早在 1939 年延安时期毛泽东就曾讲过："我们队伍里边有一种恐慌，不是经济恐慌，也不是政治恐慌，而是本领恐慌。"可以说"本领恐慌"彰显了党的第一代领导人对党的自身建设的高度重视。习近平总书记也多次重申"本领恐慌"，强调全党同志特别是各级领导干部，都要有本领不够的危机感，都要努力增强本领，都要一刻不停地增强本领。党的十九大报告指出："经过长期努力，中国特色社会主义进入了新

---

① 黄坤明：《增强脚力眼力脑力笔力　守正创新做好新形势下宣传思想工作》，《求是》2019 年第 1 期。

时代，这是我国发展新的历史方位。"① 新时代面临着一系列重大风险、重大挑战、重大阻力、重大矛盾，面对这样的新时代，各级领导干部如果不抓紧学习，不能在学习和工作中不断提升自我，就难以担负起所肩负的历史责任，甚至难以在这个新时代立足。面对本领恐慌，唯一的出路就是学习，"非学无以广才"。要深入学习马克思列宁主义、毛泽东思想、邓小平理论、"三个代表"重要思想、科学发展观、习近平新时代中国特色社会主义思想，必须学深学透，弄懂弄通，以此武装各级领导干部的头脑，使之切实成为各级领导干部的精神力量，内化为一种思想品格。同时，还要结合自身工作实际，切实加强相关业务学习。

要全面增强政治领导力。党的十九大报告明确提出要不断增强党的政治领导力、思想引领力、群众组织力、社会号召力。在"四力"之中具有统领意义的就是政治领导力，这也是确保党始终总揽全局、协调各方的根本所在。对于宣传思想干部而言，党的政治领导力与领导干部的政治能力具有内在统一性，增强党的政治领导力要求领导干部必须具备相应的政治能力。

要从实践中获取成事的真本领。一分部署，九分落实；空谈误国，实干兴邦。实践性是马克思主义哲学的本质属性，宣传思想干部要深入实践，切实做到在干中学、学中干，以知促行、以行促知，到改革发展的大潮中去搏击，才能"识水性"，才能真正做到知行合一。要将敢想敢干、精益求精等成事的精神，内化为个人的自觉行动，坚持"咬定青山不放松"，坚决防止出现标准不高、执行不严的应付行为，坚决避免"坐而论道"，切实

---

① 习近平：《决胜全面建成小康社会　夺取新时代中国特色社会主义伟大胜利——在中国共产党第十九次全国代表大会上的报告》，人民出版社 2017 年版，第 10 页。

防止脱离实际脱离群众造成的虚假数据，切实规避"花瓶"背后的残花败叶、"盆景"背后的满目疮痍。习近平总书记在回忆文章《我是黄土地的儿子》中写道："15岁来到黄土地时，我迷茫、彷徨；22岁离开黄土地时，我已经有着坚定的人生目标，充满自信。作为一个人民公仆，陕北高原是我的根，因为这里培养出了我不变的信念：要为人民做实事！"党的十八大以来，习近平总书记到基层考察调研逾50多次，真正用脚步在丈量中国。可以说，社会主义是干出来的，"两个一百年"奋斗目标的实现也必将在实干担当中铸就。

要学会"讲故事"，让党的创新理论"飞入寻常百姓家"。中华人民共和国成立70年来，尤其是改革开放40多年来，我国经济发生了历史性巨变，从原先的一穷二白到今天的经济总量稳居世界第二。可以说，硬实力彻底解决了"挨打"的问题，但软实力还比较弱，特别是国际话语权有待提高，"挨骂"的问题还没有彻底解决，这就要求宣传思想干部要讲好中国故事。"天边不如身边，道理不如故事"，能讲好故事，就能争取到主流舆论，就能弘扬正能量。美国著名经济学家、诺贝尔奖获得者乔治·阿克洛夫在与席勒合写的《动物精神》一书中讲过这么一段故事：他说，人类行为的许多动机来自生活中的故事，如果没有故事，我们每天所经历的很可能只是"一桩接一桩该死的事情"，人们对重要事情记忆的要点是根据故事来排列的，人类思维方式是以故事为前提的。讲不好故事，便当不好思想宣传干部。当然，领导干部要会讲经济故事，企业家要会讲道德故事，宣传思想干部要会讲我们身边的好故事，把那些素材故事挖掘出来加以整理、广泛传播，让正能量遍布天下，意识形态建设就会牢牢掌握在我们手中。当前，首要的是充分利用各种媒介宣传习近平新时代中国特色社会主义思想，主动讲好中国共产党治国理政的故事、中国人民奋斗追梦的故事、中国坚持和平发展合作共赢的故事，让世界更好了解中国。

打狼要有擒虎力。干成任何事业，都离不开高人一筹的真本领和踏石留印的不懈努力。过硬的专业技能是宣传思想干部自身正、自身硬的重要基石。而过硬的专业技能不是轻易能得来的，需要付出艰苦的努力。历尽千难成伟业，人间万事出艰辛。完成新形势下宣传思想工作的使命任务，宣传思想干部要把握机遇，迎难而上，锤炼宽肩膀、历练真本领，如此方能大有作为。

二、在提高建网、用网、治网
能力上下大气力

习近平总书记指出，人往哪儿聚，哪儿就是我们的主战场，并特别强调，我们必须科学认识网络传播规律，提高用网治网水平，使互联网这个最大变量变成事业发展的最大增量。[1] 宣传思想干部要有危机意识，主动学网、懂网、用网，要把维护网络意识形态安全作为守土尽责的重要使命，充分发挥制度体制优势，坚持管用防并举，在提高建网、用网、治网能力上下大气力，坚决打赢网络意识形态斗争。

不断创新和丰富网络传播内容。新时代呼唤新思想，新实践需要新理论。筑牢党和国家事业发展的思想根基，离不开与时俱

---

[1]《习近平在全国宣传思想工作会议上强调　举旗帜聚民心育新人兴文化展形象　更好完成新形势下宣传思想工作使命任务》，《人民日报》2018 年 8 月 23 日。

进、开拓创新的意识形态工作。要切实加强新媒体饱含正能量的原创性传播内容的创作力度，使主流意识形态工作能更好地被人民群众认可、认同，进而形成强大的凝聚力和向心力；同时在传播内容、传播主题和传播议程的设置上要密切关注群众所关心的切身利益和社会热点问题，充分反映广大人民群众的期待、愿望和要求，及时为群众答疑解难、排忧解惑。另外，还要注意充分运用群众身边的真实故事和生动活泼的语言来分析说明，避免空谈，切忌套用过时的理论。

建设多元化的网络传播主体。网络已是当前意识形态斗争的最前沿，掌握网络意识形态主导权，就是维护国家的主权和政权。互联网是一把双刃剑，它的出现和发展深刻地影响、改变着社会生活的方方面面。一方面，为我国社会主义意识形态建设带来了发展契机，使社会主义意识形态建设呈现出积极向上的发展态势；另一方面，也给社会主义意识形态建设带来了一定的挑战，如西方国家利用其技术优势加剧对我国的意识形态渗透，网络意识形态的斗争更加尖锐等，这些负面影响强烈地冲击着我国社会主义意识形态的主导地位，削弱了我国社会主义意识形态的领导权，严重影响我国社会主义意识形态建设的进程。目前，网络已经成为一个新的、强大的舆论场，新闻等信息超过 80% 是通过新媒体获得的，网络也成为强大的政治动员平台。美国皮尤研究中心有一个报告，揭露了新媒体在政治革命、"颜色革命"当中起到的重要作用。新媒体的公信力在 40% 以下，但它起到了一种团结、联络、互相鼓劲的作用。一打开网络就知道哪里有"颜色革命"，哪里在闹事，然后就知道里面有没有自己的熟人，哪里有免费的午餐，哪儿能取到茶水。所以，新媒体的力量是十分惊人的。因此，网络这个舆论场必须牢牢掌握住，要着力打造一批形态多样、手段先进、具有竞争力的新型主流媒体。这就要求宣传思想部门要整合各级媒体资源，充分运用微信公众号、微博、客户端等传播平台，重点扶持一批有影响力的新媒体，让主流媒体也成为新媒体，让新媒体领域成为主流媒体的重点开拓地盘，从而抢占网络信息传播制高点，打造意识形态传播新阵地，努力使其成为宣传发布、深度解读、集中传播社会主义意识形态的新阵地。像人民日报社、中央广播电视总台、新华社、光明日报社等都在新媒体建设上卓有成效。比如，《人民日报》的粉丝量已超过 1 亿人，新华社也超过了 5000 万人，《北京日报》在这方面也加大了力度，仅该报编辑部就开办了 16 个微信公众号，像"长安街知事"等，包括京报网也都在改造。《人民日报》海外版官方账号"侠客岛"等已经脱颖而出，成为时政类新媒体的代表。

创新社会主义意识形态传播方式。社会主义意识形态传播方式具有自我调适性，它不应该是一成不变的，而是需要随着实践的发展不断演进，以满足理论自身的发展需要和不同时代的社会诉求。要结合网络时代的理论发展状况、信息传播规律以及人们的认知特点，不断创新社会主义意识形态传播方式。其一，要摒弃意识形态宣传的机械方式，改变过去形式化和八股化的传播方式，实现传播模式由独白式向对话式、由抽象式向形象式、由单一式向融合式的转化和发展。在条件允许的情况下，尽量多使用生动的短视频等。当然，这不能搞"一刀切"，需要具体问题具体分析，区别对待。其二，要坚持导向性和大众化相一致，切实抓住新媒体传播过程中个体沟通的便捷性实时性特点，鼓励创作传播社会主义意识形态的文化作品，通过优秀的文化作品吸引人、打动人，使社会主义意识形态能更好地赢得人心。而要使社会主义意识形态传播在受众中真正地入脑入心，传播方式必须接地气。具体而言，首先要强化传统的组织传播方式。组织传播以往一直都是社会主义意识形态传播的重要形式，通过发布文件、集中学习、开会宣讲、座谈讲解等方式进行，现在仍然需要继续坚持并不断改进和提高。同时，要加快推动媒体融合发展。坚持一体化发展方向，加快从相加阶段迈向相融阶段，通过流程优化、平台再造，实现各种媒介资源、生产要素有效整合，实现信息内容、技术应用、平台终端、管理手段共融互通，催化融合质变，放大一体效能，打造一批具有强大影响力、竞争力的新型主流媒体。① 通过持续巩固壮大主流舆论影响力，形成网上网下同心圆，让正能量更强劲、主旋律更响亮。

加大主流意识形态传播技术创新。近年来，随着网络信息技术的发展，涌现了不少新的网络传播技术，如大数据技术等，这些新的网络传播技术不仅改变了人们的生产生活方式，同时也给我国的社会主义意识形态传播带来了契机与便利。宣传思想干部要通过调查研究，掌握这些新传播技术的本质特点和运行规律，科学认识信息网络传播规律，准确把握网上舆情生成演化机理，深入掌握知识信息传播、受众思维习惯、舆论生成演进等方面的新特点新变化，提高建网用网治网水平、推动媒体深度整合，扩大覆盖面、增强影响力。用好人工智能等新技术、新模式，实现宣传效果的最大化和最优化。要切实做好顶层设计，统筹处理好传统媒体和新兴媒体、中央媒体和地方媒体、主流媒体和商业平台、大众化媒体和专业性媒体的关系，着力打造新型传播平台，建成新型主流媒体，从而有效提升我国社会主义意识形态在网络

①《习近平在中共中央政治局第十二次集体学习时强调 推动媒体融合向纵深发展 巩固全党全国人民共同思想基础》，《人民日报》2019 年 1 月 26 日。

空间的传播力,让党的路线方针政策的宣传教育更接地气、更有温度,让解疑释惑、思想引导的工作更具针对性、更有实效性。

加强网络监管、收集及反馈机制建设。应对网络给我国社会主义意识形态安全带来的新挑战与新问题,构建互联网时代社会主义意识形态的安全屏障,增强防御能力,是当前我国意识形态工作面临的主要任务。宣传思想干部一方面要强化对广大网民的社会主义意识形态安全教育和媒介素养教育,把拥护我国社会主义意识形态,抵制错误思想与言论转化为网民的自觉行动;另一方面,要与其他相关部门联合起来,采取技术、制度、法律等手段,加强网络监管、信息收集和反馈机制建设。过去由于受当时客观条件的限制,社会主义意识形态的传播方式通常是自上而下的单向式的,难以实现与普通群众的交流与互动。近年来,随着互联网的广泛普及,人民群众的参政议政热情和能力普遍提高,越来越多的人通过"两微一端"等途径发表观点、意见和建议,与党政机关、新闻媒体等进行交流互动。因此,当前形势下,必须尽快建立互动与反馈机制。借助互联网大数据的实时分析功能,积极拓展信息交流方式,及时发现和解决各种问题,使党的路线方针政策在交流反馈的过程中为群众所理解和接受。要加强社会主义意识形态传播的针对性,不同层级的党政有关部门必须制定迅速、有效的信息筛查、甄别、处理及反馈机制,安排专人汇总、归纳网络舆情信息,去伪存真。通过查证可知,完善的网络监管机制,有利于迅速处理、回应发布在网上的信息,从而抑制虚假信息泛滥。同时,必须积极应对存在的网络舆情,并把事实真相及处理结果公布出来,将最真实的信息通过权威渠道发布出来,促使网民在真相事实面前发表理性的意见,尽可能发挥正确引导网络舆情的作用,抵制网络带来的消极影响。加强互联网内容建设，建立网络综合治理体系，营造清朗的网络空间。

网络信息技术的快速发展把人们带入了互联网时代，这是不可逆的事实和时代发展的必然趋势。面对社会主义意识形态安全与建设这样一个理论与现实紧密结合的重大课题，我们需要紧跟时代步伐，顺应网络时代的发展要求，结合网络时代的实践情况进一步创新与完善应对机制。

三、勤于学习、善于思考、勇于实践

习近平总书记在党的十九大报告中指出，意识形态领域斗争依然复杂，国家安全面临新情况。世情、国情、党情总是在不断地发展变化，新情况新问题每时每刻都在出现，各种困难、风险、挑战层出不穷。习近平总书记强调，各级领导干部要加快知识更新、加强实践锻炼，使专业素养和工作能力跟上时代节拍，避免少知而迷、无知而乱，努力成为做好工作的行家里手。本领能力绝非天生，而是在持之以恒的知识更新、实践锻炼中练就的。这就要求广大意识形态工作者特别是宣传思想干部要勤于学习、善于思考、勇于实践。

提升业务本领最基本的就是要加强学习。第一，要深入学习马克思主义理论。毛泽东曾深刻地指出："如果我们党有一百个至二百个系统地而不是零碎地、实际地而不是空洞地学会了马克思列宁主义的同志，就会大大地提高我们党的战斗力量。"[①]习近平总书记也强调："全党同志特别是各级领导干部要更加自觉、更

---

① 《毛泽东选集》第二卷，人民出版社1991年版，第533页。

加刻苦地学习马克思列宁主义，学习毛泽东思想、邓小平理论、'三个代表'重要思想、科学发展观，学习新时代中国特色社会主义思想。要深入学、持久学、刻苦学，带着问题学、联系实际学，更好把科学思想理论转化为认识世界、改造世界的强大物质力量。共产党人要把读马克思主义经典、悟马克思主义原理当作一种生活习惯、当作一种精神追求，用经典涵养正气、淬炼思想、升华境界、指导实践。"① 对广大宣传思想干部而言，要下真功夫学习经典著作，从根本上了解和信服马克思主义的真理性，从根本上把握马克思主义的世界观和方法论，从根本上认识马克思主义的发展进程及其基本理论与创新理论的相互关系。要把学习马克思主义理论作为一个快乐的过程，作为一种生存方式、一种生活常态。要通过学习，进一步明确马克思主义是社会主义意识形态的旗帜和灵魂，是我们立党立国的根本指导思想。

第二，要深入钻研业务，增强学习专业知识的能力。干一行，爱一行，钻一行，熟悉本职业务，脚踏实地，不好高骛远，这是做好一切工作的前提和基础。对宣传思想干部而言，就是要结合工作需要来学习，不断提高自己的知识水平、专业水平。要坚持干什么学什么、缺什么补什么，有针对性地学习掌握做好领导工作、履行岗位职责所必需的各种知识，努力使自己真正成为行家里手、内行领导。

第三，要学习和掌握一些历史知识。古人曾说，以史为鉴可以知兴替。中华民族历史悠久，我们的祖先创造的灿烂历史文化是极为宝贵的精神遗产。我们党在领导革命、建设和改革的过程中，一贯重视历史经验的借鉴和运用，总是从中获取智慧、认识

---

① 习近平:《在纪念马克思诞辰 200 周年大会上的讲话》,《人民日报》2018 年 5 月 5 日。

规律、把握方向。毛泽东曾指出："指导一个伟大的革命运动的政党，如果没有革命理论，没有历史知识，没有对于实际运动的深刻的了解，要取得胜利是不可能的。"①历史知识的学习，对广大宣传思想干部来讲尤为重要。宣传思想干部学习和了解历史，不仅可以拓宽知识面，吸收前人舆论引导方面的智慧和经验，而且可以更加清晰地认识社会活动规律，牢固树立马克思主义的唯物史观。历史知识丰富了，眼界和胸襟就会大为开阔，精神境界就会大为提高，思维层次和认识问题、分析问题的水平就可以提升到一个新境界。所以，广大宣传思想干部要学一些中国历史和世界历史知识，特别要深入学习中国近现代史和中共党史，深入学习世界近现代史和马克思主义发展史，不断深化对共产党执政规律、社会主义建设规律、人类社会发展规律的认识。

此外，还要学习自然科学领域的最新成果，学习语言学、交际学等不同专业方面的知识，力争将自己打造成全才、通才。

善于思考是提升业务本领的关键环节。首先，学习和思考是相互关联、密不可分的认知过程。"为学之道，必本于思。""不深思则不能造于道，不深思而得者，其得易失。"广大宣传思想干部只有在学习中多思、善思、深思，悟要义、觅规律、吸精髓，才能使获得的科学理论、文化知识和具体经验经过思维加工被大脑吸收、消化，转化为实践向导。只有经过深入系统的思考，才能真正把马克思主义学深悟透，才能系统准确把握习近平新时代中国特色社会主义思想的精髓要义；只有经过创造性思考，才能真正把握马克思主义立场观点方法，才能切实提高运用马克思主义分析和解决实际问题的能力；只有对实践经验进行分

---

①《毛泽东著作选读》上册，人民出版社1986年版，第286页。

析、综合、抽象和概括，才能使之最终上升为理性认识，才能转化为实际工作能力和决策能力。其次，要做到善思善鉴，提高业务工作的创造性。思考本身不是目的，通过思考提高解决实际问题的能力才是目的。要善于学会总结借鉴。善于从历史、书本、群众中总结借鉴，善于把握事物发展变化的内在规律，更科学地判断宣传思想工作的发展趋势，牢牢把握意识形态工作的主动权。要善于运用逻辑思维方法，加深对相关问题的认识，创造性地拿出解决问题的办法。还要通过深入思考，提高工作的主动性。要善于经过周密思考提出可行性意见。

勇于实践是提升业务能力的落脚点。注重学以致用，在实践中检验提升。实践是勤于学习、善于思考的目的和落脚点。古语有云："读万卷书，行万里路。"这都说明一个道理，读书学习固然重要，却是不够的；只有将读书与行动结合起来，才能学到真正的知识。习近平在中央党校 2009 年春季学期第二批进修班暨专题研讨班开学典礼上的讲话中指出："一个人如果不注重把学到的知识运用到工作中、落实在行动上，即使他'学富五车、才高八斗'，也不能说达到了学习的最终目的。"①2018 年 5 月，他在北京大学师生座谈会上的讲话中指出："学到的东西，不能停留在书本上，不能只装在脑袋里，而应该落实到行动上，做到知行合一、以知促行、以行求知，正所谓'知者行之始，行者知之成'。"②

在宣传思想工作中，不断强化学习转化力是做好意识形态工

---

① 《习近平总书记系列讲话精神学习读本》，中共中央党校出版社 2013 年版，第 117 页。

② 习近平：《在北京大学师生座谈会上的讲话》，人民出版社 2018 年版，第 13 页。

作的重中之重。要大力弘扬理论联系实际的学风，着力在融会贯通、学以致用、解决问题上下功夫，把学习贯彻转化为攻坚克难的精神力量，转化为改革创新的务实举措，转化为推动改革发展的实际本领。要紧扣意识形态工作特点规律，切实把所学所思贯彻落实到各项决策部署和具体工作中，把学习成效转化为武装头脑、指导实践、推动工作的强大正能量，转化为巩固马克思主义在意识形态领域指导地位的生动实践，做到学而信、学而用、学而行。要坚持"站高一步、想深一步、看远一步"，对各项工作进行周密细致的谋划安排，做好顶层设计、奠定坚实基础。要敢于突破、敢于创新、敢于进取，牢牢抓住意识形态工作第一要务，始终不满足、不松懈，咬定发展不放松。要在真抓实干上下功夫，树立强烈的责任感和事业心，以不甘落后的志气、奋力追赶的勇气、争创一流的锐气，打赢意识形态领域的战斗。

宣传思想工作本质是一个争夺人心的工作。广大宣传思想干部要发扬理论联系实际的马克思主义学风，带着问题学，在学中积极思考，拜人民为师，做到干中学、学中干，以学促思，学以致用，以用促学，学用相长。要切实提高业务本领，千万不能夸夸其谈、成为"客里空"。

第九讲

迎变化：紧要在锐意创意创造

　　随着我国经济社会的快速发展，宣传思想工作面临的外部环境、社会条件、工作对象正在发生深刻的变化，一些新的情况和问题不断出现，做好新时代的宣传思想工作比以往任何时候都更加需要创新。增强宣传思想干部"四力"，必须坚持守正创新、锐意进取，要时刻保持思想的敏锐性和开放度，主动认识新事物、掌握新情况、把握新规律，自觉破除思维定式和路径依赖，使主观认识能够更加符合客观实际，从而不断有所发现、有所创造、有所前进，推动宣传思想工作更好体现规律性、增强时代性、富于创造性。

一、面对当今世界之大变局做工作

进入 21 世纪，世界出现新一轮大发展大变革大调整，随着新科技革命和产业变革深入发展，全球治理体系深刻重塑，国际格局加速演变，大国之间的战略博弈全面加剧，原有的国际体系和国际秩序深度调整，人类社会发展面临着层出不穷的新机遇新挑战，不确定不稳定因素显著增多。与此同时，中国日益走近世界舞台中央，不断为人类作出更大贡献。习近平总书记高瞻远瞩，坚持战略思维，敏锐洞察和深刻分析世界大势，作出一个重大判断：世界处于百年未有之大变局。

大变局，核心是一个"变"字。从传播语境上看，我们不仅肩负着在中国特色社会主义道路上实现中华民族伟大复兴的光荣使命，开启了分两步走在 21 世纪中叶全面建成富强民主文明和谐美丽的社会主义现代化强国的新征程，而且面临着新时代国际国内舆论环境的深刻变化。在国际舆论场中，对于中国改革开放 40 多年来的快速发展，有些人总是怀有敌意或是抱着偏见不放，有的散布各种各样的"中国威胁论"，有的鼓吹不同版本的"中国崩溃论"，不论其以何种面目出现，共同的目标都是要阻碍和遏制中国的发展。要解决"挨打""挨饿"之后的"挨骂"问题，要求我们大力推进国际传播能力建设，讲好中国故事、传播好中国声音，改变当前国际舆论场中西强我弱的态势。与此同时，互联网的普及和新媒体的快速发展，极大地改变了我国的传统媒体生态环境，使传播生态也出现了许多新情况新问题。2018 年 8

月，中国互联网络信息中心（CNNIC）发布的第 42 次《中国互联网络发展状况统计报告》显示，截至当年 6 月，我国网民规模已达 8.02 亿，手机网民规模为 7.88 亿；网络新闻用户有 6.63 亿，手机网络新闻用户规模达到 6.31 亿。这表明，中国已全面进入"互联网 +"时代。互联网自身具有的开放性、合作性、虚拟性、信息丰富性、快速便捷性，加之具备的多终端、多平台、跨媒介传播方式等优势，使得其在极大推动信息传播的同时，也对宣传思想工作提出了更高的要求。

清醒认识和准确把握大变局的丰富内涵，牢牢把握这一变局给中华民族伟大复兴带来的机遇和挑战，是新时代开拓广阔发展空间、实现"两个一百年"奋斗目标的现实要求。面对汹涌的信息洪流与思想相对活跃的受众群体，宣传思想工作的难度较之以往有了很大的增加，在此情况下，我们应抓住机遇，应对挑战，推动变局向有利的方向发展，更好地承担起宣传思想工作的使命任务，不断创新新时代宣传思想工作，在实践中加强对宣传思想工作经验和规律的总结与运用。为此，要立足时代前沿，不断深化对时代特征和发展大势的认识把握，自觉把思想观念从不符合新时代发展要求的条条框框的束缚中解放出来，积极探索社会发展、信息传播、思想演变的内在规律，大力增强宣传思想工作的临场感、紧迫感，以敏锐的感知力、判断力、洞察力，增强宣传思想工作的适应力、引领力、塑造力，使全体人民在理想信念、价值理念、道德观念上紧紧团结在一起。

推动新时代宣传思想工作的创新创造，应当更新工作理念。一方面，要始终把握新时代坚持和发展中国特色社会主义的主旋律，大力加强社会主义意识形态的话语体系建设。要自觉以习近平新时代中国特色社会主义思想为指导，增强"四个意识"、坚定"四个自信"、做到"两个维护"，把培育和践行社会主义核心价值观融入宣传思想工作的创新创造中，将其作为引领和加强思想文化建设的价值标准。同时，还要严格落实意识形态工作责任制，牢固树立正确的思想舆论导向，在思想文化产品创作、生产、传播的全过程，把好导向关、人员关、内容关，实现对全媒体多终端的全覆盖，掌握意识形态工作的领导权、主动权。另一方面，要高度重视并加强网络空间的宣传思想工作，树立以人民为中心的工作导向。毛泽东指出："共产党员如果真想做宣传，就要看对象，就要想一想自己的文章、演说、谈话、写字是给什么人看、给什么人听的，否则就等于下决心不要人看，不要人听。"① 推动宣传思想工作创新创造，应当从思想上解决好"为了谁、依靠谁、我是谁"的根本问题，既要着眼"两个巩固"，充分发挥马克思主义意识形态的引导作用，又要认真倾听人民群众的呼声，关注人民群众在现实生活中遇到的问题难题，做到正面引导、积极解决，树立起讲政治、接地气、生活化的宣传思想新风气。

推动新时代宣传思想工作的创新创造，应当实现角色转变。党的十八大以来，与党和国家事业的快速发展相同步，宣传思想工作的形势也日新月异，出现了从纸媒到"三微一端"、从融媒体发展到移动优先等新的传播格局，时与势的变化迫切要求实现宣传思想工作管理角色的转变。一方面，要促进"把关人"和"领路人"的角色融合。随着信息技术的发展，手机已成为名副其实的"终端之王"，传统的报纸、杂志等信息媒体已不再是青年一代的主要信息来源。众多形式的"轻媒体"更是提供了异彩纷呈

---

① 《毛泽东选集》第三卷，人民出版社 1991 年版，第 836 页。

的新闻样式,在媒体和舆论生态中扮演着重要的角色。这就需要宣传思想干部适应形势变化,更加主动地从源头上做好新闻的议题设置,认真研究新兴媒体特征,推陈出新,既当好信息"把关人",又当好舆论"领路人",实现新兴媒体和传统媒体的有机融合。另一方面,要完成从管理者到服务者的角色转变。习近平总书记指出,现在,媒体格局、舆论生态、受众对象、传播技术都在发生深刻变化,特别是互联网正在媒体领域催发一场前所未有的变革。读者在哪里,受众在哪里,宣传报道的触角就要伸向哪里,宣传思想工作的着力点和落脚点就要放在哪里。① 在中国特色社会主义新时代,宣传思想工作的创新创造应立足新方位、找准新坐标,坚持寓管理于服务、寓服务于宣传,在提高宣传思想工作队伍凝聚力和向心力的基础上,以人民为中心做好各项服务工作,努力打造具有强大引领力、传播力、影响力的国际一流新型主流媒体,不断增强人民群众对社会主义思想文化的认同。

推动新时代宣传思想工作的创新创造,应当推动方法手段创新。时代在发展,形势在变化,宣传思想工作也不能抱残守缺、墨守成规,要把方法手段创新作为宣传思想工作蓬勃发展的重要保证。一方面,要创建新型传播平台。与新兴媒体相比,传统媒体平台的传播效率低、运营成本高、沟通准确度差,这已是不争的事实。习近平总书记指出,坚持传统媒体和新兴媒体优势互补、一体发展,坚持先进技术为支撑、内容建设为根本,推动传统媒体和新兴媒体在内容、渠道、平台、经营、管理等方面的深度融合,着力打造一批形态多样、手段先进、具有竞争力的新型

---

① 《习近平在视察解放军报社时强调 坚持军报姓党坚持强军为本坚持创新为要 为实现中国梦强军梦提供思想舆论支持》,《人民日报》2015 年 12 月 27 日。

主流媒体，建成几家拥有强大实力和传播力、公信力、影响力的新型媒体集团，形成立体多样、融合发展的现代传播体系。[①] 中国特色社会主义进入新时代，创建新型传播平台应当突破传统科层制管理的瓶颈，运用扁平化、网络化的新型管理模式，与时代发展同步，从制度、理念、技术等方面优化战略布局，广泛利用"互联网+"、自媒体和微传媒等技术，促进传统媒体转型升级，努力建设具有公信力、影响力和感召力的新型传播平台。另一方面，要重视提升宣传思想工作者特别是领导干部运用新媒体技术的本领。习近平总书记在不同场合多次强调，广大领导干部要不断加强学习，提高运用现代传媒新手段新方法的水平。不能被边缘化了，要解决好"本领恐慌"问题，真正成为运用现代传媒新手段新方法的行家里手。对此，我们应当把新媒体运用技能作为重要业务素质之一，纳入宣传思想工作者特别是领导干部的选拔培训和考核评价体系中，强化对新媒体运用的重视，提高在实践中善用新媒体技术、主动设置议题、讲好网言网语的水平，增强工作的针对性、主动性和预见性，实现对不同受众的精准营销，不断提高领导宣传思想工作的能力和水平。

二、面对我国社会主要矛盾的
深刻变化做工作

党的十九大报告指出："中国特色社会主义进入新时代，我

---

① 《习近平主持召开中央全面深化改革领导小组第四次会议强调　共同为改革想招一起为改革发力　群策群力把各项改革工作抓到位》，《人民日报》2014年8月19日。

国社会主要矛盾已经转化为人民日益增长的美好生活需要和不平衡不充分的发展之间的矛盾。""全党同志一定要永远与人民同呼吸、共命运、心连心,永远把人民对美好生活的向往作为奋斗目标。"[1] 这就告诉我们,进入中国特色社会主义新时代,在继续推动发展的基础上,宣传思想工作也必须着力解决好发展不平衡不充分问题。

中国特色社会主义进入新时代,人民群众对美好精神文化的需求越发强烈。在马克思主义看来,人是自然存在物、社会存在物、精神存在物的统一体,由此决定了人的需求也是多方面、多层次的。其中,物质需求可以看作是基本需求,是第一位的、有限的;精神文化需求则属于高级需求,是第二位的、无限的。随着人类文明的进步和经济社会的发展,物质需求的有效满足会逐步推动精神文化需求从非主导性需求转化为主导性需求。

改革开放以来特别是党的十八大以来,我国社会生产力水平极大提高,物质生活资料和精神生活资料的供给能力显著增强,人民群众的基本需求逐步得到有效满足。在此过程中,"人民日益增长的物质文化需要"升级为"人民日益增长的美好生活需要",需求的层次呈现出升级态势。人们不仅在"物"的层面有越来越多和越来越高的期待,而且期望获得更为丰富的精神文化生活,更加追求社会生活的文化内涵和精神境界,包括在此基础上衍生出来的获得感、幸福感、安全感和尊严、权利、当家作主等价值诉求,以及对民主、法治、公平、正义、安全、生态等方面的更高期待,使"美好生活需要"的意蕴复杂多样。可以看

---

① 习近平:《决胜全面建成小康社会 夺取新时代中国特色社会主义伟大胜利——在中国共产党第十九次全国代表大会上的报告》,人民出版社 2017 年版,第 11、1 页。

出，中国特色社会主义进入新时代，我国人民日益增长的美好生活需要在精神文化层面表现得更为鲜明，人民群众对美好精神文化的需求愈加强劲。这既是 40 年来我国经济社会发展的必然结果，符合人类文明进步规律，也是我国文化建设相对滞后、文化发展不平衡不充分的必然后果。与此同时，人民群众日益上升的精神文化需求呈现出新特点。

其一，精神文化需求更显个性化。作为消费主体的人，其精神世界是千差万别、极富个性的。随着我国生产力水平和综合国力的不断提高，人民生活显著改善，物质生活方面的需求正在得到越来越充分的满足，精神生活方面的需求也变得越来越高，其个性化特点也越发鲜明。以往同质化的文化产品已不能满足人民群众的需要，各种富有特色和个性鲜明的文化产品正在受到越来越多人的青睐。人民群众希望看到文化产品不断推陈出新，甚至是量身定制，渴望在更加丰富多彩的文化产品消费中张扬个性、彰显自我。

其二，精神文化需求更加多样化。改革开放以来，我国的社会结构发生了深刻变动，一个多元的社会已经呈现在我们面前。与之相对，人民群众的精神文化需求也越发多样化。特别是随着物质生活水平的提高，人民群众已不再满足于基本文化权益的实现，其精神文化需求的品种类型、数量质量都有了新的提高。一方面，人民群众需要文化产品、文化活动和文化形式的多样化；另一方面，人民群众也希望在文化产品的创作与产出实现思想性、艺术性和观赏性的统一。

其三，精神文化需求更富层次性。人民群众的精神文化需求受地域、城乡、年龄、性别、职业、收入水平、受教育程度等多种因素的影响，在社会主义现代化建设过程中，随着我国"五位一体"总体布局的统筹推进，人民群众精神文化需求的层次性更加鲜明地显现出来。从不同角度划分，有个人文化需求和公共文化需求，有个性文化需求和共性文化需求，有公益性文化需求和非公益性文化需求，有基本文化需求和高级文化需求，等等。

中国特色社会主义进入新时代，更好满足人民日益增长的美好精神文化需求意义重大。从人类社会发展的角度来看，这是实现人的全面发展的内在要求。人的全面发展以生产和生活需求的全面满足为前提条件，其中既包括物质需求的满足，也包括精神文化需求的满足。当代中国正处于社会主义初级阶段，虽然还不可能做到未来共产主义社会的按需分配，但在现有的发展水平内仍然需要最大限度地保障每个人的权益，释放每个人的潜能，满足每个人的需要。因此，在坚持以经济建设为中心的同时，要大力加强社会主义文化建设，努力实现精神文明与物质文明协调均衡发展，为人民群众提供更丰富和更优质的精神文化产品，以更好满足人民日益增长的美好精神文化需求。这是实现人的自由个性的内在要求，也是推动人的全面发展的必然之举。

从社会主义建设的角度来看，这是社会主义的本质要求。与资本主义社会不同，社会主义既要实现生产力的高度发展，又要实现全体人民的共同富裕，并在此基础上实现人的自由全面发展。共同富裕既体现在对物质财富的共建共有上，也体现在对精神文化财富的共创共享上。人的自由全面发展既需要物质财富的充分涌流，也需要精神的积淀和文化的滋养。因此，我们既要实现高质量发展、建设现代化经济体系，又需要推动社会主义文化繁荣兴盛，以有效满足人民日益增长的美好精神文化需求。这体现的是社会主义的基本规定，也是社会主义的本质要求。

从中华民族伟大复兴的角度来看，这是耸立精神大厦的时代要求。习近平总书记高度重视精神文明建设，指出："当高楼大厦在我国大地上遍地林立时，中华民族精神的大厦也应该巍然耸立。"①他还强调，"实现中国梦，是物质文明和精神文明均衡发展、相互促进的结果。没有文明的继承和发展，没有文化的弘扬和繁荣，就没有中国梦的实现"②。当前，我们党正带领全国各族人民为建成富强民主文明和谐美丽的社会主义现代化强国而努力奋斗，既要毫不动摇地坚持以经济建设为中心，不断丰富物质财富，也要聚精会神抓好社会主义精神文明建设，不断丰富精神财富。两手都要抓，两手都要硬。只有精神文明建设也搞好了，人民群众的精神文化生活显著改善、精神世界极大丰富、精神力量大大增强，我们才能顺利推进中国特色社会主义伟大事业，才能最终实现中华民族伟大复兴的中国梦。

更好满足人民日益增长的美好精神文化需求，必须坚持和贯彻以人民为中心的思想。坚持以人民为中心是习近平新时代中国特色社会主义思想的重要内容，它彰显了人民创造历史、人民是真正英雄的唯物史观，以人为本、人民至上的价值取向，立党为公、执政为民的执政理念，体现了我们党治国理政合目的性与合规律性的高度统一。在2013年全国宣传思想工作会议上，习近平总书记强调，要树立以人民为中心的工作导向，把服务群众同教育引导群众结合起来，把满足需求同提高素养结合起来，多宣传报道人民群众的伟大奋斗和火热生活，多宣传报道人民群众中涌现出来的先进典型和感人事迹，丰富人民精神世界，增强人民精

① 中共中央文献研究室编：《十八大以来重要文献选编》中，中央文献出版社2016年版，第122页。
② 习近平：《在联合国教科文组织总部的演讲》，《人民日报》2014年3月28日。

神力量，满足人民精神需求。① 在 2018 年全国宣传思想工作会议上，习近平总书记指出，我们必须把人民对美好生活的向往作为我们的奋斗目标，既解决实际问题又解决思想问题，更好强信心、聚民心、暖人心、筑同心。② 宣传思想工作坚持和贯彻以人民为中心的思想，必须把教育人、引导人、关心人、帮助人和发展人作为工作的着力点和出发点。要紧跟新时代人民群众生产生活的脚步，把目光聚焦在普通人和平凡的劳动者身上，努力调动各行各业积极性、主动性和创造性，鼓舞广大人民群众自觉投身改革开放和社会主义现代化建设实践，让每个人都能在新时代民族复兴的伟业中找到自己的坐标，做新时代的奋斗者、奔跑者、追梦人。

更好满足人民日益增长的美好精神文化需求，必须坚持问题导向，遵循工作规律，注重方式方法。坚持问题导向是马克思主义的鲜明特点，也是习近平总书记谋划、指导和推动宣传思想工作最鲜明的特征。新时代宣传思想工作面临着难得的历史机遇，也面临着许多新形势、新任务、新挑战、新考验，具有许多新特点。巩固马克思主义在意识形态领域的指导地位，巩固全党全国人民团结奋斗的共同思想基础，要求宣传思想工作着眼于现实，以更好满足人民日益增长的美好精神文化需求为切入点和突破口，发挥更大的作用。为此，宣传思想干部要主动进企业、进农村、进机关、进校园、进社区、进军营，了解人们在价值取向、利益诉求、行为习惯等方面的差异，研究不同社会群体心理心态心情，把握他们所思所需所感。在此基础上，针对不同的群

①《习近平在全国宣传思想工作会议上强调　胸怀大局把握大势着眼大事　努力把宣传思想工作做得更好》，《人民日报》2013 年 8 月 21 日。

②《习近平在全国宣传思想工作会议上强调　举旗帜聚民心育新人兴文化展形象　更好完成新形势下宣传思想工作使命任务》，《人民日报》2018 年 8 月 23 日。

体采取个性化的宣传策略和宣传手段，该鼓劲的鼓劲，该引导的引导，该释惑的释惑，该纠偏的纠偏。宣传思想工作是党的工作，也是一门科学，有其内在规律，要以科学理论为指导，以科学制度为保障，以科学方法为途径，推动宣传思想工作的开展。当前，宣传思想工作一定程度上存在形式老套、话语老旧、内容老生常谈的问题，要切实改进工作作风，坚决杜绝出现各类形式主义和官僚主义现象，带着对人民群众的深情开展工作。

更好满足人民日益增长的美好精神文化需求，必须深化文化体制改革，大力推进文化领域供给侧改革。党的十八大以来，以习近平同志为核心的党中央在建设社会主义文化强国的道路上蹄疾步稳、砥砺前行，擘画了宣传思想工作新的改革蓝图。几年来，宣传思想工作取得重大进展，党对意识形态工作的领导加强，媒体融合发展成效日益显现，文艺创作持续繁荣，文化"走出去"取得显著成果，文化遗产保护和传承取得新进展，公共文化服务水平不断提高。切实增强人民群众文化获得感幸福感，必须继续推动文化体制机制创新完善，贯彻落实好《关于培育和践行社会主义核心价值观的意见》《深化文化体制改革实施方案》《中共中央关于繁荣发展社会主义文艺的意见》《关于加快构建中国特色哲学社会科学的意见》《关于实施中华优秀传统文化传承发展工程的意见》等文件精神。特别是要以人民群众精神文化需求为导向，加大文化领域供给侧结构性改革，使文化产品和服务供给体系更加完善，最大限度地生产出量多质优、人民群众喜闻乐见的文化产品，确保人民基本文化权益得到更好保障，推动"文化惠民"到"文化悦民"的升级跨越。同时，还要引领人民群众树立科学合理的消费观，不断提升文化消费的品位和档次，实现文化领域供给与需求的良性互动。

三、面对工作实践提出的
重要课题做工作

宣传思想工作从来都不是一成不变的，而是在不断发现问题、解决问题过程中创新发展的。当前，与面临的形势任务相比，宣传思想工作还有不少的短板、弱项，如理论学习宣传的针对性实效性不强，媒体融合还没有实现从"相加"向"相融"的转变，培育和践行社会主义核心价值观建设还有待进一步落细落小落实，优质文化产品与人民的需求相比还存在供给能力不足，国际传播能力与我国综合国力和国际影响力还不够匹配，等等。这些问题，是工作实践提出的重要课题，也是宣传思想工作实现创新创造的突破口。

问题是时代的声音、创新的起点。习近平总书记指出，坚持正确政治方向，在基础性、战略性工作上下功夫，在关键处、要害处下功夫，在工作质量和水平上下功夫，推动宣传思想工作不断强起来，促进全体人民在理想信念、价值理念、道德观念上紧紧团结在一起，为服务党和国家事业全局作出更大贡献。[①] 三个"下功夫"，体现了党的宣传思想工作的规律性，是对宣传思想工作更深层次的要求。为此，要强化问题意识、坚持问题导向，以迎难而上、锐意进取的勇气担当，探究问题的实质和成因，寻找解决问题的思路办法，提出新战略新举措，完善制度体制机制，

---

① 《习近平在全国宣传思想工作会议上强调 举旗帜聚民心育新人兴文化展形象 更好完成新形势下宣传思想工作使命任务》，《人民日报》2018 年 8 月 23 日。

不断增强工作的原则性、系统性、预见性、创造性。

基础性、战略性工作，就是指我们面对的基本理论武装、基本素质提升、涉及党的重大方针政策和战略的问题。实践表明，具有重大历史和现实意义的问题，具有重大战略和长远意义的问题，涉及人类发展规律、社会主义建设规律、共产党执政规律的问题，都带有基础性、战略性。只有在这些问题和这些方面下功夫，才能使新时代宣传思想工作强起来。

首先，坚持马克思主义指导地位，坚定正确政治方向，是宣传思想工作的生命线。开展宣传思想工作，首先必须学会运用马克思主义的立场、观点、方法观察问题、分析问题、解决问题，特别是要学会运用马克思主义辩证唯物主义和历史唯物主义，学会运用马克思主义实践观、群众观、阶级观、发展观、矛盾观，把马克思主义哲学这个看家本领学精悟透用好。要坚持学以致用的原则，做到理论联系实际，运用经典的力量改造主观世界和客观世界。要深入学习贯彻党的创新理论特别是习近平新时代中国特色社会主义思想，用以武装头脑、指导实践、推动工作。

其次，党的宣传思想工作必须始终坚持党的领导，必须牢牢坚持党对宣传思想工作的领导权、管理权、话语权。习近平总书记指出，要加强党对宣传思想工作的全面领导，旗帜鲜明坚持党管宣传、党管意识形态。①对党员领导干部特别是主要领导干部而言，只有首先成为政治家、教育家，才能更好地胜任党的宣传思想工作。各级党员领导干部务必按照习近平总书记的指示要求，强化抓意识形态工作的责任担当，关注本地区主要媒体的内

①《习近平在全国宣传思想工作会议上强调　举旗帜聚民心育新人兴文化展形象　更好完成新形势下宣传思想工作使命任务》，《人民日报》2018年8月23日。

容和动态，把好本地区媒体的导向，及时批判错误思潮。就党中央对一些重大问题的判断和工作大政方针，要及时向各界进行通报，做到上情下达、下情上传、沟通上下。

最后，宣传思想工作必须掌握西方思想文化进攻和渗透的特点、动向及规律，有针对性地形成应对机制，这是关系党和国家前途命运的大问题。改革开放 40 多年来，中国历尽坎坷，取得了举世瞩目的发展成就，在经济等领域积累起相当雄厚的实力。但在文化领域，西方话语体系仍然占据优势，我们在国际话语权的竞争中总体依然处于一种弱势、守势地位。面对西方敌对势力和资产阶级腐朽思想的进攻与渗透，我们不能听之任之，必须具有敏锐的鉴别力、坚定的政治判断力、科学的批判力，对于意识形态阵地寸土不让。特别是要深刻总结历史上的经验教训，使应对工作尽快完善起来。

同时，宣传思想工作必须注重提炼中华优秀传统文化中的精神标识和具有当代价值、世界意义的精髓。当前，中国坚定奉行独立自主的和平外交政策，坚持走和平发展道路，正在同世界各国人民一道积极推动构建新型国际关系、构建人类命运共同体。提炼中华优秀传统文化的精神标识，弘扬讲仁爱、重民本、守诚信、崇正义、尚和合、求大同的思想理念，可以为构建新型国际关系、构建人类命运共同体提供丰厚的思想养分。应该坚持古为今用、推陈出新的原则，加快对传统文化优秀成果提炼、运用的步伐。

关键处、要害处的工作，就是对党和国家工作具有决定性的问题、人民群众反映强烈的问题、不解决不行的问题。只有全力以赴破解这些问题，党和国家事业才能有较大进展。

第一，学习贯彻习近平新时代中国特色社会主义思想是全党全国的首要政治任务，也是宣传思想战线提高工作水平、增强政治定力、把握正确方向的关键和要点。学习贯彻习近平新时代中国特色社会主义思想，是一项必须长期坚持、常抓不懈的政治任务，也是一个必须持续推进、不断深化的过程。

第二，加强马克思主义新闻观教育，建立健全马克思主义新闻观的理论体系和教育体系，是完成宣传思想工作使命任务的关键环节和要点内容。马克思主义新闻观是马克思主义理论的重要组成部分，是做好新闻工作的根本指导思想，是繁荣和发展社会主义新闻事业的根本保证。只有加强马克思主义新闻观教育，才能使新闻工作者保持清醒头脑，增强政治敏锐性、鉴别力，在各种思潮的交流交融交锋中区别真伪、分清是非，把新闻工作做得更好。要组织广大新闻工作者认真学习马列主义经典，学懂弄通马克思主义新闻观的基本观点，坚持理论联系实际，联系本单位新闻宣传实际和新闻工作者的思想实际，联系各种错误的新闻观点，抓住典型事例进行剖析，分清是非，提高认识。必须立足新时代坚持和发展中国特色社会主义的实践，实现适应时代、代表人民、引领社会发展的伟大进步，增强底气，使党的宣传思想工作有较大进展。

第三，批判各种错误思潮是把握准确政治方向的关键，也是反击国内外敌对势力的重要手段，必须长期坚持。当代中国正经历着历史上最为广泛而深刻的社会变革，也正在进行着人类历史上最为宏大而独特的实践创新。在这一过程中，新自由主义、历史虚无主义、西方宪政民主观、"普世价值"论等错误思潮此起彼伏、竞相发声，企图让我们丢掉对马克思主义的信仰，丢掉对社会主义、共产主义的信念，试图打断中国特色社会主义的发展进程。事实证明，对错误思潮如不及时亮剑，将会扰乱人们思想，动摇理想信念，破坏社会稳定。为此，必须始终保持学术上的自觉、理论上的清醒和政治上的坚定，敢于理直气壮地开展思想理论斗争，旗帜鲜明地批判各种错误思潮，不断创造宣传思想工作的新局面。在未来发展中，能不能坚持培育敢于斗争的精神，决定着我们能否建设一支强大有战斗力的宣传思想工作队伍。

第四，解决党的领导干部队伍信仰缺失的问题，是关键中的关键。共产党人的根本宗旨就是全心全意为人民服务，其信仰就是为实现共产主义而奋斗终身。然而，在现实生活中，有些党员干部平时不读书看报，不注重提升自己的理论水平和政治水平，在生活和工作中，说一套做一套，不信马列信鬼神，把组织原则、党性修养和党纪党规等统统丢之脑后，以至于在人生道路上迷失了方向，走向一条不归路。党的十八大以来，以习近平同志为核心的党中央始终强调坚定社会主义和共产主义理想信念，强调这是我们党的政治灵魂、精神支柱，也是党团结统一的思想基础，在党内引起了极大的振奋，鼓舞了信心和斗志，增加了生机活力。社会主义和共产主义的理想信念既是党的原动力，也是我们搞好宣传思想工作的前提条件。必须坚定不移地举起社会主义和共产主义的旗帜，扎扎实实地开展有效的理想信念教育。

工作质量和水平是党的宣传思想工作者业务素质和业务能力的体现，必须在坚定正确政治方向的前提下，努力提升业务素质和业务能力，这样才能在开展宣传思想工作时具有理论的说服力和解决问题的实效性。

首先，提高宣传思想工作质量和水平，要让人民群众喜闻乐见。群众在宣传思想工作中的分量有多重，宣传思想工作在群众的心中就有多重。这就要求我们的宣传思想工作者一定要增强服务群众的意识，各项工作都要以群众拥护不拥护、赞成不赞成、高兴不高兴、答应不答应作为评判标准，切实防止脱离生活、远离群众、不接地气的问题，拿出人民群众喜闻乐见的高质量的宣传产品。要贴近生活、贴近群众，把镜头和话筒对准人民，以生动的画面和朴实的语言展现人民群众的鲜活形象、生产生活活动，让人民群众感觉到这才是他们的阵地，让人民群众有主人翁的精神和感觉，从而消除距离感。

其次，提高宣传思想工作质量和水平，要坚持社会效益第一的导向。宣传思想工作的价值在于指引正确的方向，向群众宣传党的主张、弘扬社会正气、通达社情民意、引导社会热点、疏解群众情绪、搞好舆论监督，从而集聚发展的正能量。因此，要以社会效益为先，决不能唯利是图。要以改革开放和社会主义现代化建设的实际问题、以我们正在做的事情为中心，紧贴干部群众的思想实际，有针对性地回答人们普遍关心的问题，把体现党的意志同反映人民心声结合起来，坚持弘扬主旋律和提倡多样化的统一，坚持思想性、艺术性和观赏性的统一，坚持社会效益和经济效益的统一，多出群众满意喜欢、健康向上的精神产品，满足人民群众日益增长的精神文化需求。

最后，提高宣传思想工作质量和水平，必须采取有效的策略方法增强艺术性。通过宣传思想工作打造社会主义意识形态的凝聚力和引领力，既要在内容上富有说服力、感召力，又要进行广泛有效的传播。为此，要把握规律、讲究艺术，研究策略方法，多用些巧劲。无论是议题的选择还是选题的策划，都要从大处着眼、向小处着手，找到党的路线方针政策与人民群众生产生活实际的契合点，说百姓话、讲身边事、反映群众呼声、回应社会关切。讲好故事，事半功倍，要摒弃概念化、固化、庸俗化的传播方式，更多运用介入式、嵌入式等方法，通过一个个具体生动的故事，巧妙地把我们想讲的和受众想听的结合起来，使受众更好地理解和认同社会主流思想。要坚持内容为王、创意制胜，以春风化雨、润物无声的方式，使人们在潜移默化中接受、认同社会主义核心价值观。

第十讲

重实效：基础在锤炼

优良作风

宣传思想工作是群众工作，有没有良好作风直接决定着工作的效果和水平。习近平总书记曾引用一副对联，上联是"你开会我开会大家都开会"，下联是"你发文我发文大家都发文"，横批是"谁来落实"，批评不抓落实的时弊，强调"为政贵在行"的理念。反对空谈、强调实干、注重落实，是我们党的一个优良传统，也是我们党能够在革命、建设和改革中不断带领人民夺取新胜利的关键。做好新时代宣传思想工作，要求广大党员干部牢固树立宗旨意识和正确政绩观，培养知难而进、锲而不舍的奋斗精神，发扬求真务实、真抓实干的优良作风，避免徒陈空文、浮光掠影。

一、高度警惕形式主义、官僚主义

形式主义和官僚主义是一种只图虚名、不务实效，脱离群众、脱离实际、做官当老爷的思想作风和工作作风。在革命年代，毛泽东就十分重视反对形式主义和官僚主义。1930 年，毛泽东曾在《反对本本主义》中着力强调"形式主义害死人"。在《寻乌调查》中，毛泽东第一次使用"官僚主义者"的概念。1933 年，他在《必须注意经济工作》中指出："官僚主义的领导方式，是任何革命工作所不应有的，经济建设工作同样来不得官僚主义。要把官僚主义方式这个极坏的家伙抛到粪缸里去，因为没有一个同志喜欢它。"[①] 习近平总书记在 2017 年中央政治局民主生活会上的讲话中也指出，形式主义、官僚主义同我们党的性质宗旨和优良作风格格不入，是我们党的大敌、人民的大敌。[②]

形式主义与官僚主义紧密联系，官僚主义滋生和袒护形式主义，形式主义助长官僚主义。二者的思想根源是一致的，即心中没有群众，个人主义作怪；二者的思想方法是一致的，即主观与客观分离，认识与实践脱节，主观主义作祟；二者的危害也是一样的，不怕群众不满意，就怕领导不注意，蛀蚀执政党的根基——民心、党心，蚕食社会主义的大厦，造成巨大的物质浪

---

①《毛泽东选集》第一卷，人民出版社 1991 年版，第 124 页。

②《以认真学习贯彻习近平新时代中国特色社会主义思想　坚定维护以习近平同志为核心的党中央权威和集中统一领导　全面贯彻落实党的十九大各项决策部署情况为主题进行对照检查》，《人民日报》2017 年 12 月 27 日。

费。一旦沾染上这两种坏毛病，我们在日常工作中就会出问题，就容易思想麻痹、态度默然，对人民群众的疾苦漠不关心；就容易大而化之，听之任之，调查研究走过场，基层情况不熟悉；就容易信念动摇，推卸责任，工作不求过得硬，但求过得去。

在现实生活中，一说到扶贫，就扛着一袋米、提着一壶油到贫困户家里，做个花架子、摆个好样子；一说到基层，就大张旗鼓地下乡，席不暇暖就已拂袖而去，只求电视上有影、报纸上有字、广播里有音，至于民生疾苦、实际问题，则熟视无睹、置若罔闻。这就是形式主义，就是表里不一、心口不一、言行不一。一位基层干部在网上发表评论称："过去一年，光领导讲话通发了100多期，各类会议纪要也有八九十期，这还不算各种综合汇报、专题汇报、调研简报……特别是今年以来，领导开口就要有记录，调研就要做微信，会议就要有传达……真是扎扎实实走形式，认认真真走过场，形式主义害死人哪！"[1]

党的十八大以来，习近平总书记身体力行，带领全党大力反对形式主义、官僚主义、享乐主义和奢靡之风这"四风"。经过长期不断的努力，面上的奢侈浪费贪图享受的风气基本刹住，群众反映强烈的突出问题得到有效遏制，不正之风惯性得以扭转。我们党用实际行动兑现了庄严承诺，群众的满意度大幅度提升，党的执政基础得到了进一步加强，赢得了党心民心，使作风建设成为党的建设一张亮丽名片，并带动了社会风气整体好转。但是，形式主义、官僚主义在不同时期、不同地区、不同部门有不同表现。

---

① 韦磊：《旗帜鲜明反对形式主义、官僚主义》，《光明日报》2018 年 12 月 11 日。

2017 年 12 月，习近平总书记就新华社《形式主义、官僚主义新表现值得警惕》一文作出重要指示：文章反映的情况，看似新表现，实则老问题，再次表明"四风"问题具有顽固性反复性。纠正"四风"不能止步，作风建设永远在路上。① 形式主义、官僚主义产生了"新变种"，它们穿上"隐身衣"、披上"新马甲"，走进了"青纱帐"，主要表现在贯彻落实、调查研究、服务群众、项目建设、召开会议、改进文风、责任担当、工作实效、履行职责、对待问题这十个方面。如一些领导干部调研走"秀场"，搞形式主义；一些政府机关采取一系列整改措施，可实际情况却是"门好进、脸好看、事不办"；一些地方搞领导"可视范围"内的"面子工程"，"群众不满意不管，就怕领导不注意"；一些基层领导一天要开三四个会议，讲话发言开口千言却没句实在话；有的部门搞考核，"实绩考"成了"材料秀"，搞"材料出政绩"；一些部门和领导喜欢当"甩手掌柜"，热衷于"责任下移"，让"责任状满天飞"；有的干部说一套做一套、台上台下两个样。对此，全党上下要予以高度警惕。

无论是作假企图隐藏、遮掩问题，还是编造假经验、假典型，都是对党不忠诚、投机取巧的表现。投机取巧只会弄巧成拙，弄虚作假最终会露出马脚，自欺欺人只能是"搬起石头砸自己的脚"。对宣传思想干部来说，与其煞费苦心"造盆景""刷数据""捂盖子"，不如老实干工作、诚实看问题、踏实抓整改。只有拿出守土有责、守土负责、守土尽责的责任担当，拿出实实在在的成绩，才能经得起历史、人民、实践的检验。

---

① 《习近平近日作出重要指示强调　纠正"四风"不能止步　作风建设永远在路上》，《人民日报》2017 年 12 月 12 日。

党的十九大擘画了中国未来发展的壮美蓝图，一分部署，九分落实。中国特色社会主义进入新时代，改革发展稳定任务之重、矛盾风险挑战之多、治国理政考验之大前所未有。"五位一体"总体布局需要统筹推进，全面建成小康社会、全面深化改革、全面依法治国、全面从严治党的"四个全面"战略布局等一系列重大决策部署需要落实落细，新发展理念需要落地生根，精准扶贫、民生、污染防治、扫黑除恶和党的建设等领域的各项工作任务需要完成，国际上与美贸易摩擦等一系列新情况新问题需要应对。党和国家事业进入爬坡过坎的关键时期，更加需要广大宣传思想干部以"踏石留印、抓铁有痕"的实干精神抓好落实。

习近平总书记深刻指出，形式主义实质是主观主义、功利主义，根源是政绩观错位、责任心缺失，用轰轰烈烈的形式代替了扎扎实实的落实，用光鲜亮丽的外表掩盖了矛盾和问题。官僚主义实质是封建残余思想作祟，根源是官本位思想严重、权力观扭曲，做官当老爷，高高在上，脱离群众，脱离实际。这些思想和意识的根源短期内难以消除，一旦遇到合适土壤就会复发，以不同的形式表现出来。因此，形式主义、官僚主义具有顽固性反复性，必须反复抓，不能陷入"抓一抓、松一松"的误区，务必以永远在路上的坚韧与决心，把作风建设一抓到底。

二、改进文风最重要

文风不是小事。党风决定着文风，文风是党风的一面镜子。每一个时期的文风，无不映照出那个时期的党风。文风事关党的形象，事关党和国家事业兴衰成败。人们从文风状况中可以判断党的作风，评价党的形象，进而观察党的宗旨的贯彻落实情况。我们党有着注重文风的优良传统，一直为培育和弘扬马克思主义文风而努力。

在延安整风运动中，毛泽东指出："学风和文风也都是党的作风，都是党风。"①他号召全党抛弃"洋八股"和"党八股"，严厉批评喜欢夸夸其谈、哗众取宠的同志，主张用生动活泼、新鲜有力的马克思主义文风推动革命事业向前发展。他为人民英雄纪念碑起草的碑文，只有114个字，却反映了长达100年的中国近代史。

邓小平和毛泽东有着相近的文风，历来注重务实，反对不实风气。粉碎"四人帮"以后，他带头恢复党的实事求是的思想路线，针对党的优良文风在"文化大革命"中遭到严重破坏的现状，大力倡导并率先垂范开短会、讲短话、讲实话、讲新话，讲究精简。他反复强调："我们开会，作报告，作决议，以及做任何工作，都为的是解决问题。"②1975年，他负责起草周恩来总理在四届全国人大一次会议上的报告，只用了5000字。

习近平历来高度重视文风会风问题。在任浙江省委书记期间，他曾在《浙江日报》"之江新语"专栏发表短论232篇，这些短论思想性、针对性、时效性强，语言简洁明快，观点敏锐清晰，形式生动活泼，讲道理浅显易懂，或赞美表彰，弘扬正气；或批评鞭挞，斥责歪风；或分析道理，揭示规律。党的十八大报告强调"下决心改进文风会风"，其后，中央出台八项规定，要求精简会议、文件，切实改进会风、文风，凝聚起广泛的共识，

---

①《毛泽东选集》第三卷，人民出版社1991年版，第812页。
②《邓小平军事文集》第三卷，军事科学出版社、中央文献出版社2004年版，第111页。

促进作风建设持续深化。中央和地方还出台一系列制度举措，严格经费管理，强化监督问责，削减“文山会海”，崇尚真抓实干，推动改革发展各项措施落到实处，取得显著成效。

党的历史经验证明，文风不正，危害极大。它严重影响真抓实干、影响执政成效，耗费大量时间和精力，耽误实际矛盾和问题的研究解决。不良文风蔓延开来，不仅损害讲话者、为文者自身形象，也会降低党的威信，导致干部脱离群众，群众疏远干部，使党的理论和路线方针政策在群众中失去吸引力、感召力、亲和力。可以说，一切不良文风都是不符合党的性质、宗旨的，都是同党肩负的历史使命相背离的。

改革开放 40 多年来，在党中央的大力倡导下，全党抓文风建设取得很大成绩，党的优良文风逐渐得到恢复，并在新的历史条件下有新的发展。文风与党风同社会风气是紧密相连的，弘扬优良文风、纠正不良文风是一项长期任务，不可能一蹴而就、一劳永逸。克服不良文风、提倡优良文风，真正使讲短话、讲实话、讲新话蔚然成风，需要多管齐下，标本兼治。

各级领导机关和领导干部要起带头作用。文风问题上下都有，但文风能不能改，领导干部是关键。习近平总书记在对新华社文章的批示中强调，各级领导干部要带头转变作风，身体力行，以上率下，形成“头雁效应”，他还要求“现在各级领导干部的理论素养和知识素养在不断提高，如果时间和条件允许，还是要尽可能自己动手。一些重要讲话和文章应当全程参与，出思想、谈看法、拿主意，在大的方面把好关”[1]。从领导干部自身说，

---

① 《习近平总书记系列讲话精神学习问答》课题组：《习近平总书记系列讲话精神学习问答》，中共中央党校出版社 2013 年版，第 194 页。

之所以文风不正，一是有的干部由于知识、经验不足，功底、能力达不到，也就是肚子里没货，故而难以讲出新话、管用的话来；二是有的干部思想懒惰，不愿下到基层深入调查研究，不愿在独立思考上下苦功夫，只会在现成的文件、书本上"讨生活"、照抄照讲；三是有的干部认为只有照讲文件上的话、报刊上的话，才是同上级和中央在思想上政治上"保持一致"；四是有的干部认为讲长话是对工作重视和工作认真的表现，给哪个部门讲的话长就是重视哪个部门（当然，文章、讲话的好坏同长短没有必然的联系。该长就长，能短则短。我们反对的是无病呻吟，三言两语能讲清楚的事，几百字就能说明的道理，为什么非要长篇大论？）；五是有的干部思想上没有引起重视，完全不负责任，别人写什么念什么，写多长念多长，明明知道用处不大，但照念不误；六是有的干部认为讲大话、空话、套话、歌功颂德的话最保险，不会犯错误。其实很简单的一个事情，几句话或许就能说清楚、讲明白，但有的人却可能说上几个小时、讲上大半天。结果台上讲得空洞无物，台下听得意兴阑珊，以至于会场上鼾声四起。

领导干部改进文风，需要从两个方面努力。一要学习。"读书破万卷，下笔如有神。"要想写出好文章，必须多读书、好读书、读好书，这是一个不言而喻的道理。"巧妇难为无米之炊。"理论修养不高，知识水平很低，对事物的历史和现状一知半解，写文章、作报告必然捉襟见肘，勉强成文，也一定是"假、大、空"。然而，我们有的领导干部口头上讲学习，但一到具体行动上，却仿佛腿脚生风，桌椅长刺，坐不稳屁股耐不住性，表现出一种"浮躁"心态；有的自以为是"半桶水"常溢，不学习也能对付一阵子；还有的悟不清"磨刀不误砍柴工"之真谛，借口

"工作忙、没时间",给不学习找出许多堂而皇之的理由。这是极其错误的。学习是一种勤政,也是树立和坚持正确的"新三观"的需要。一个领导干部学习的勤奋程度,决定着他的思想深度。一个刻苦学习的人不一定能成为一个好的领导,但一个好的领导肯定是一个刻苦学习的人。所以,作为领导干部要坚持学习党的基本理论,掌握马克思主义立场观点方法,以此作为政治上的"望远镜"和"显微镜";学习新知识,了解新事物,不断拓宽视野,提高自己的综合素质;学习古人语言中有生命力的东西,充分合理地继承和运用。理论功底扎实了,知识积累厚实了,肚子里装的东西多了,写的文章就不会千篇一律、一个面孔,也不会张口19世纪马克思如何说,20世纪毛主席如何说,闭口昨天的文件会议如何说,很少有今天自己如何说,己说与众说之比少到十分可怜的地步,才能真正地做到厚积薄发,言之有物、深入浅出地讲话、写文章。二要增强党性修养。白居易在一首诗中说:"言者志之苗,行者文之根。所以读君诗,亦知君为人。"文章、讲话是一个人综合素质的反映,道德人品、情趣爱好对一个人的文风也有影响。我们要努力培养无产阶级的道德情操,塑造真善美的人格,成为一个品格高尚的人。只有自己的境界高了,没有私心杂念,才能做到言行一致、表里如一,讲的话、写的文章人们才愿意听、愿意读。如果言行不一、表里不一,台上台下两个形象,圈内圈外两种表现,即使讲得天花乱坠,也不会有人相信你。各级领导干部要把改进文风作为一项工作要求,带头讲短话、讲实话、讲新话,以身作则带出好文风来。

把改进文风同改进作风结合起来。作风问题无小事,小问题置之不管,也会酿成大问题。对此,习近平总书记有着清醒的认识,他在不同场合强调,"小洞不补,大洞吃苦""积羽沉舟,群轻折轴"。无论是改作风还是反腐败，"大问题要抓，小问题也要抓"都是一以贯之的治理思路。写文件、作报告、发表文章，都是为了解决问题。办法从哪里来？只能从调查研究中来，从群众的实践和创造中来。胸有成竹才能出口成章，找准症结才能对症下药，源于实践才能指导实践。领导干部改进文风，应当走出机关，深入基层，深入群众中去调查研究，虚心听取群众的呼声，沉到基层摸爬滚打，在实际生活中"望闻问切"。从基层群众中掌握了第一手资料，就能制定出切实可行的办法和措施，掌握工作的主动权，把群众的创造吸收到文件、讲话、文章中来，使思想和文字体现时代要求，符合实际情况，解决现实问题。

群众是真正的英雄，是历史的创造者。我们要敢于站在群众的立场上，为人民群众说话。不能和群众谈心，你说的话群众听不懂，怎么会有感召力？怎么指导实践、推动工作？我们党的宗旨是全心全意为人民服务。我们讲话、写文章要代表人民群众的利益，"热烈地主张着所是"，"热烈地攻击着所非"[①]，赞成什么、反对什么，歌颂什么、批判什么，爱什么、恨什么，必须清清楚楚，明明白白。文章、讲话有了这样鲜明的风格，人民群众怎么会不热烈欢迎呢？有的文章、讲话引经据典，调子很高，但内容空洞，脱离实际，群众不爱看、不爱听，这些文章、讲话没有生命力，写了等于没写，说了等于白说。改进文风，必须从思想和感情深处把人民群众当主人、当先生。群众的思想最鲜活、语言最生动。深入群众，就进入了智慧的大课堂、语言的大课堂，我们的文件、讲话、文章就可以有的放矢，体现群众意愿，让群众愿意看、看得懂，愿意听、听得进。

①《鲁迅全集》第六卷，人民文学出版社1996年版，第336页。

文风关乎世运，世运隐于文风。文风不仅是语言风格，反映个人喜好，更折射党风政风和社会风尚，关系事业兴衰成败。对一个执政党来说，说什么话、怎么说话，事关其执政水平和公信力。当前，一些领导干部倾向于夸大成绩、掩饰问题，搞形式主义，还有不少地方存在不良的文风会风。新时代，我们要促进文化繁荣兴盛，加快构建具有中国特色、中国风格、中国气派的哲学社会科学，为中华民族伟大复兴的中国梦提供理论指导和智力支持，就必须革除文风积弊，自觉养成清新、质朴的文风，走进实践大课堂，读懂生活的教科书，把群众当成最好的老师，不断在通俗化、大众化的道路上前行。

三、始终坚持调查研究的优良传统作风

调查研究是转变干部作风、密切联系群众的有效途径。中央八项规定的第一项就是"改进调查研究"，足见其重要性。2012年，习近平总书记在河北阜平县调查研究，盘着腿坐在老百姓的炕头上拉家常，这种调查研究方式引起了国内外强烈反响。中央领导带头转变调查研究的作风，也启示每一个领导干部，要高度重视并且多方面改进我们的调查研究工作。习近平总书记强调指出，"必须大兴调查研究之风，对真实情况了然于胸"①，推动全党崇尚实干、力戒空谈、精准发力，推动党中央大政方针和决策部署在基层落地生根。

中国共产党历来注重开展调查研究。在调查研究工作方面，

①《习近平谈治国理政》第二卷，外文出版社2017年版，第190页。

毛泽东是最早的倡导者、探索者，也是最成功的实践者。1930 年5 月，在著名的《反对本本主义》一文中，他明确指出："共产党的正确而不动摇的斗争策略，决不是少数人坐在房子里能够产生的，它是要在群众的斗争过程中才能产生的，这就是说要在实际经验中才能产生。因此，我们需要时时了解社会情况，时时进行实际调查。"①他还说："我的经验历来如此，凡是忧愁没有办法的时候，就去调查研究，一经调查研究，办法就出来了，问题就解决了。"②不搞调查研究或者调查研究作风不实，就难以发现各项政策落实中存在的矛盾和问题，更难以保证各项工作落实的质量和效果。1956 年，在中国进入社会主义社会之初，毛泽东用了一个半月的时间，先后听取了国务院 34 个部委的汇报，对全国经济社会情况进行了一次摸底，在此基础上发表了《论十大关系》，初步提出了一套具有中国特点的社会主义建设方案。

党的十一届三中全会后，以邓小平同志为核心的党的第二代中央领导集体在领导纷繁复杂的改革开放过程中也一贯重视调查研究工作。1978 年 6 月，在全军政治工作会议上的讲话中，邓小平就提出："我们办事情，做工作，必须深入调查研究，联系本单位的实际解决问题。"③他要求领导干部到地方了解情况，"不要随便发表意见，首先要认真调查研究"④。从 1978 年 1 月至 11月底，经香港出国和去港考察的人员就达 529 批，共 3213 人。邓小平、李先念等 12 位副总理（副委员长）也先后 21 次出访 52

①《毛泽东思想年编（一九二一——一九七五）》，中央文献出版社 2011 年版，第 44 页。

② 同上书，第 910 页。

③《邓小平文选》第二卷，人民出版社 1994 年版，第 123 页。

④《邓小平文选》第三卷，人民出版社 1993 年版，第 7 页。

个国家，其中既包括发达国家、新兴发达国家，也包括发展中国家。这些集中的出访和考察，是党和国家酝酿政策大调整大变动之初，对外部世界的一次大规模的调查研究，为改革开放政策的提出和实施做了重要准备。

习近平总书记结合新时代中国特色社会主义建设实际，赋予了调查研究新的时代意义，他指出，研究、思考、确定全面深化改革的思路和重大举措，刻舟求剑不行，闭门造车不行，异想天开更不行，必须进行全面深入的调查研究。他还强调："调查研究是一个联系群众、为民办事的过程。通过深入基层、深入实际、深入群众，我们可以了解群众在想什么、盼什么、最需要我们党委、政府干什么。"① 为人民谋幸福，是中国共产党人的初心。广大宣传思想干部只有不断深入实际开展调查研究，时刻关注群众在想什么、盼什么，通过面对面交流，直接了解基层干部群众的心愿，才能使我们的各项决策和工作部署集中民智、体现民意、反映民情，体现人民群众的愿望和要求，得到人民群众的拥护和支持。

中国共产党 90 多年的历史表明，我们党是靠调查研究起家的，什么时候全党从上到下重视调查研究，制定的方针政策符合社会的实际情况，党的事业就顺利发展；什么时候忽视调查研究或者调查研究不够，就会导致领导意志脱离群众愿望，使党和人民的事业遭受损失甚至挫折。因此，加强调查研究绝不仅仅是一个工作方法问题，而是一个确实关系党和人民事业成败的重大问题，是治国理政须臾离不开的重要传家宝。

但是，令人担忧的是，在一些党员干部中，不重视调查研

---

① 习近平:《干在实处走在前列——推进浙江新发展的思考与实践》，中共中央党校出版社 2006 年版，第 534 页。

究、不善于调查研究的问题还比较普遍地存在。有的走不出文山会海，强调工作忙，很少下去调查研究；有的满足于看材料、听汇报、上网络，不深入实际生活，坐在办公室关起门来作决策；有的自认为熟悉本地区本部门情况，对层出不穷的新情况新问题反应不敏锐，对形势发展变化提出的新课题新挑战应对不得力，看不到事物的发展变化是一个由量变到质变的过程，凭经验办事，拍脑袋决策；更有甚者，一些党员干部打着调查研究的旗号，只看"盆景式"典型，满足于听听、转转、看看，蜻蜓点水，浅尝辄止，使严肃的调研变成了一场又一场"作秀"。凡此种种伪调查研究，不但偏离了调查研究的初衷，而且损害了领导机关、党员干部的形象。因此，面对这一新问题，党员干部尤其需要具备扎实的调查研究的基本功，在治理不愿调研、不会调研、被动调研顽疾的过程中，不断提高决策的科学性，切实贯彻好党的路线方针政策。真正带着问题做十月怀胎式的深入调研，把基层民众的情况摸清楚，真正为人民群众办实事、办好事。

搞好调查研究，一定要从群众中来、到群众中去，广泛听取群众意见。人民群众的社会实践是获得正确认识的源泉，也是检验和深化我们认识的根本所在。调查研究成果的质量如何，形成的意见正确与否，最终都要由人民群众的实践来检验。共产党人在调研中要有"眼睛向下的兴趣和决心""求知的渴望""甘当小学生的精神"，自觉做到放下架子，同群众做朋友。深入基层、深入群众搞调查研究，就是及时倾听群众呼声、亲身感受群众疾苦、科学总结群众经验、凝聚广大群众智慧的活动。既要听群众的顺耳话，也要听群众的逆耳言；既要让群众反映情况，也要请群众提出意见。尤其对群众最盼、最急、最忧、最怨的问题更要主动调研，抓住不放。这样才能听到实话、察到实情、获得真知、收到实效。习近平总书记在中央政治局民主生活会上谈到调查研究时也指出，要拜人民为师，向人民学习，放下架子、扑下身子，接地气、通下情，"身入"更要"心至"。① 为调查研究指明了方向，明确了方法。只有与人民群众面对面、心贴心地接触，才能掌握办公室里难以掌握的情况和问题，才能听到基层广大群众的真话、实话、心里话，才能把问题摸准、实情搞透，进而通过科学的决策回应人民群众的关切和期盼。

调查研究必须坚持实事求是的原则，树立求真务实的作风，具备追求真理、修正错误的勇气。实事求是，就是一切从实际出发，理论联系实际，坚持在实践中检验真理和发展真理。习近平总书记在纪念毛泽东诞辰 120 周年座谈会上指出："实事求是，是马克思主义的根本观点，是中国共产党人认识世界、改造世界的根本要求，是我们党的基本思想方法、工作方法、领导方法。不论过去、现在和将来，我们都要坚持一切从实际出发，理论联系实际，在实践中检验真理和发展真理。"② 调查研究一定要从客观实际出发，不能带着事先定的调子下去，而要坚持结论产生在调查研究之后，建立在科学论证的基础上。对调查了解到的真实情况和各种问题，要坚持有一是一、有二是二，既报喜又报忧，不唯书、不唯上，只唯实。

调查研究方法也要与时俱进。在运用我们党在长期实践中积累的有效方法的同时，要适应新形势新情况特别是当今社会信息

---

① 《以认真学习贯彻习近平新时代中国特色社会主义思想　坚定维护以习近平同志为核心的党中央权威和集中统一领导　全面贯彻落实党的十九大各项决策部署情况为主题进行对照检查》，《人民日报》2017 年 12 月 27 日。

② 习近平：《在纪念毛泽东同志诞辰 120 周年座谈会上的讲话》，《人民日报》2013 年 12 月 27 日。

网络化的特点，进一步拓展调研渠道、丰富调研手段、创新调研方式，学习、掌握和运用现代科学技术的调研方法，如问卷调查、统计调查、抽样调查、专家调查、网络调查等，逐步把现代信息技术引入调研工作中，提高调研的效率和科学性。

后 记

2018 年 8 月，习近平总书记在全国宣传思想工作会议上强调，宣传思想干部要不断增强脚力、眼力、脑力、笔力，努力打造一支政治过硬、本领高强、求实创新、能打胜仗的宣传思想工作队伍。这是习近平总书记着眼坚持和发展新时代中国特色社会主义，对宣传思想工作队伍建设提出的新要求。为帮助广大党员干部特别是宣传思想工作者认真学习、深入领会、全面把握习近平总书记重要讲话精神，提高政治站位，加强能力建设，我们组织编写了本书。

本书坚持理论逻辑与实践逻辑相统一，以马克思主义意识形态理论为指导，紧密结合党和国家事业全局，深入论述了新时代宣传思想工作的特点规律，阐述了"四力"的深刻内涵，明确了增强"四力"的实践要求，是广大党员干部学习贯彻习近平总书记关于宣传思想工作重要讲话精神的辅导读物。

本书由吕红波、李倩担任主编，各部分的撰稿人依次为：前言，李倩；第一讲，吴雪蕊；第二讲，王东；第三讲，李永强；第四讲，李倩；第五讲，王迥；第六讲，王雨；第七讲，赵坤；第八讲，李春花；第九讲，吕红波；第十讲，邓晓燕。吕红波、李倩对全书进行了统稿、校对并定稿。

本书的撰写得到了国防大学学科学术带头人洪保秀教授的精心指导，在此表示感谢。由于时间仓促和作者理论水平有限，本书难免存在疏漏之处，敬请读者批评指正。